Heinrich von Ferstel

Heinrich Freiherr von Ferstel:

Festschrift bei Gelegenheit der feierlichen Enthüllung seines Denkmals

Heinrich von Ferstel

Heinrich Freiherr von Ferstel:
Festschrift bei Gelegenheit der feierlichen Enthüllung seines Denkmals

ISBN/EAN: 9783743635722

Hergestellt in Europa, USA, Kanada, Australien, Japan

Cover: Foto ©ninafisch / pixelio.de

Weitere Bücher finden Sie auf **www.hansebooks.com**

HEINRICH von FERSTEL

K. K. ÖSTERREICHISCHES MUSEUM.

HEINRICH FREIHERR VON FERSTEL.

FESTSCHRIFT

BEI GELEGENHEIT DER

FEIERLICHEN ENTHÜLLUNG SEINES DENKMALS

IM

K. K. ÖSTERREICHISCHEN MUSEUM

FÜR KUNST UND INDUSTRIE.

WIEN, 1884.

VERLAG DES K. K. ÖSTERREICHISCHEN MUSEUMS.

Das am 30. Mai l. J. in feierlicher Weise enthüllte Denkmal besteht aus einer im Stiegenhause des Museumsgebäudes über der Erinnerungstafel an die feierliche Schlusssteinlegung angebrachten Büste aus Laaser Marmor. Den Hintergrund der Büste bildet ein von lichtem Salzburger Marmor eingerahmtes Rundfeld aus schwarzem belgischen Marmor mit der Umschrift:

HEINRICH FRHRR. V. FERSTEL.
GEB. 7. IUL. 1828. ✝ 14. IUL. 1883.

Unter der Schlusssteintafel zeigt eine zweite schwarze Tafel die Inschrift.

DEM ERBAUER
DES ÖST. MUSEUMS U. DER
KUNSTGEWERBESCHULE.
DAS CURATORIUM.

Das Denkmal wurde nach dem Entwurfe des Regierungsrathes Jos. Storck ausgeführt, die Büste von V. Tilgner, die übrigen Marmorarbeiten von A. Francini, die Bronzearbeiten nach Modellen von Joh. Schindler von Dziedzinski & Hanusch — sämmtlich in Wien.

INHALT DER FESTSCHRIFT.

Porträt Heinrich von Ferstels. Radirt von William Unger. — **Text-Illustrationen:** S. 1. Kopfleiste und Initial W. S. 15. Schlussvignette. S. 16. Kopfleiste mit der Ansicht der Hauptfaçade des Universitätsgebäudes in Wien und Initial V. S. 22. Skizze für die Seitenfaçade des Universitätsgebäudes in Wien. S. 26 und 27. Durchschnitt und Grundriss des Rathhauses in Tiflis. S. 32. Hochaltar in der Kirche des Schottenstiftes in Wien. S. 33. Schlussvignette. S. 31. Kopfleiste mit der Abbildung des Concurrenz-Entwurfes für das Reichstagsgebäude in Berlin und Initial W. S. 36. Entwürfe zu Landhäusern. S. 39. Schlussvignette. S. 40. Kopfleiste mit der Ansicht der Hauptfaçade des Rathhauses in Tiflis und Initial O mit der Abbildung der Villa Heinrich von Ferstels in Grinzing. S. 43. Schlussvignette, gezeichnet von Hans Macht. S. 44. Kopfleiste mit der Ansicht der Façade des Administrationsgebäudes des österreichisch-ungarischen Lloyd in Triest und Initial G mit dem Entwurfe für eine Gruftcapelle der Familie Erlanger. S. 45. Brustbild Heinrich von Ferstels an dem Kanzelpfeiler in der Votivkirche und Ferstels Wappen. S. 17. Skizze zu einem Glockenthurm der Domkirche in Leitmeritz. S. 50. Entwurf für das Portal des Arlberg-Tunnels. S. 54. Skizze für die Gruftcapelle der Familie Ferstel auf dem Ortsfriedhofe in Grinzing.

Sämmtliche Textillustrationen, mit Ausnahme der Schlussvignette auf S. 43, gezeichnet von Carl Has, hoowina, photozinkographirt von Angerer & Göschl.

I.

HEINRICH FREIHERR VON FERSTEL.

FESTREDE, GEHALTEN VON J. v. FALKE.

as uns heute an dieser Stätte in festlicher Weise vereinigt, das ist die Verehrung, die Freundschaft für einen grossen Todten, den Meister und Erbauer dieses Hauses. Das Curatorium des österreichischen Museums hat ihm, von Künstlerhand erfunden und geschaffen, ein Denkmal der Erinnerung gestiftet, das sich heute zuerst den Blicken enthüllt.

Nahezu ein Jahr ist es, da ist unser edler Freund und Meister, der uns zwanzig Jahre mit seinem Rathe und seiner Kunst zur Seite gestanden, plötzlich von uns geschieden. Er ist von uns gegangen in voller, reifster männlicher Kraft und Schönheit, in der Blüthe seines Schaffens, auf der Höhe seiner Kunst, sein letztes und grösstes Werk, den redenden Zeugen seines Geistes und seiner Kunst, unvollendet zurücklassend. Wir trauern um ihn noch heute wie am Tage, da er geschieden, wir alle, die ihn gekannt, geliebt und bewundert haben, die sich seiner und seiner Werke erfreuten. Denn er ist uns entrissen worden unerwartet und allzufrühe, da wir noch glänzende Früchte seiner grossen Gaben, seines niemals ruhenden Schaffensdranges zu erhoffen und zu erwarten hatten. Das Leben blühte ihm so schön, so voll, so reich. Mitten heraus aus Glück und Arbeit und Erfolg nahm ihn der Tod von hinnen, zu früh uns und den Seinen, zu früh der Kunst, zu früh dem Vaterlande, zu früh der Welt.

Ja, zu früh auch der Welt, denn Heinrich Ferstel gehörte zu jenen gottbegnadeten, so seltenen Geistern, die in ihrem genialen Drange das Dornröschen der Kunst aus dem hundertjährigen Schlafe erweckt haben. Der Welt hat er leuchtende, unvergängliche Vorbilder gestellt und seiner Kunst, der Baukunst, mit den wenigen Genossen, die ihm auf seiner Höhe zur Seite standen, die Bahnen vorgezeichnet.

Die Baukunst lag im Argen damals, als Ferstel zum ersten Male das Licht des Tages erblickte (7. Juli 1828), und nirgends mehr im Argen als bei uns in Oesterreich. Die Welt war versunken in leere Nüchternheit, die Phantasie, die schöpferische, Flammen sprühende, war ein ausgebrannter Krater, die Traditionen, die Verbindungen mit der grossen Kunstvergangenheit waren abgeschnitten; einen eigenen Stil, in dem sich blind und unbewusst noch Erträgliches zu Stande bringen liess, hatte das neunzehnte Jahrhundert nicht überkommen. Hier in Oesterreich war das Bureau der grosse Baukünstler, der alle Aufgaben, so viel oder so wenig ihrer waren, an sich riss und in seinem Geiste ausführte. Und dieser Geist war nicht der heilige Geist der Kunst. Das Bureau als Künstler hat nicht den Muth der Initiative, nicht die Kühnheit der Neuerung, und konnte sie damals am wenigsten haben, da diese Tugenden fast wie Verbrechen galten. Schon in der zweiten Hälfte des achtzehnten Jahrhunderts hatte die Architektur ihre Profile eingezogen, vorsichtig, wie die Schnecke ihre Hörner; sie hatte Alles hübsch in die gerade Linie gebracht und glatte, schattenlose Wände dem Auge dargestellt. Das stimmte trefflich zu den künstlerischen Anschauungen des Bureaus. Nüchtern, sparsam, berechnend, allem Schmucke, allem vermeintlich Entbehrlichen und Ueberflüssigen abhold, wie es war — was Wunder, dass leere Wände innen und aussen sein Ideal waren.

So bei uns. Nicht viel besser stand es mit der Architektur, wenn man den Blick — in den zwanziger Jahren — nach Deutschland richtete. Auch dort noch die ganze officielle Architektur unter der Herrschaft des Bureaus. In Berlin hatte ihr Schinkel neues Leben einzuhauchen versucht, aber sein antiker Stil war schon in die Gewalt der kleinen Geister gerathen und der Schablone anheimgefallen. Anderswo erblickte man nur den Stillstand. Aber es war auch gerade der Moment, wo aus dem Todesschlafe neues Leben erwachen sollte, langsam, sehr langsam, in langen Lehrjahren und unter zahllosen Irrthümern.

Am Rhein zuerst hatte die Romantik Wurzel geschlagen und mit ihren mittelalterlichen Passionen Bauherren und Baukünstler erfüllt. Burgen wurden wieder hergestellt, Rittersäle erbaut, Kirchen restaurirt und gereinigt vom Zopf der Neuzeit. Das alles geschah freilich noch in trockener, farbloser Weise, ohne Reiz und Phantasie, ohne Verständniss des Mittelalters und seiner Formen, aber der Eifer erweckte auch die Wissenschaft; man mass und zeichnete, untersuchte und forschte und beschrieb, und auf diesem Wege, durch die Wissenschaft hindurch, kam auch die ausübende Kunst wieder zum wirklichen Verständniss der Gothik und der früheren Stilarten des Mittelalters.

Gleichzeitig hatte in München ein hochgesinnter, der Kunst leidenschaftlich ergebener König einen anderen Weg eingeschlagen. Er stellte der Baukunst eine Reihe der höchsten Aufgaben; aber frei von Romantik, frei von Vorliebe für diesen oder jenen Kunststil, sie alle kennend und anerkennend, wählte er für seine Bauten den Stil je nach ihrer Art und Bestimmung. Antik-klassischer Stil, Byzantinismus, romanischer Stil, Gothik bis zur Renaissance, sie alle fanden ihre Vertretung, für alle schuf er leuchtende, noch heute bewunderte Muster.

Das war wohl eine gute und grossartige Methode für eine Zeit, die eben von der *tabula rasa*, aus dem nichts, sich erheben wollte; sie zeigte viele Wege, aber sie sagte nicht, welches der richtige und angemessene sei; sie befreite die Zeit nicht von der Wahl, nicht von Zweifeln, Schwankungen und Versuchen. Und so blieb es denn auch eine gute Weile dabei; erwachendes Leben und Interesse, Versuche in jedem Stile, unterstützt von forschender Gelehrsamkeit, aber auch angethan mit ihrer Nüchternheit, der Aufschwung der Phantasie vom Gelehrtenverstande niedergedrückt; Schulweisheit statt freier Künstlerideen.

So standen die Dinge in der Baukunst, als unser Freund seine Schule durchmachte. Das gährende und erwachende Leben in Deutschland hatte trotz der damaligen geistigen Absperrung nicht ohne Einwirkung auf Oesterreich bleiben können. Auch hier rührten sich die Geister in jugendlichem Eifer und rangen nach Befreiung vom Baubureau, von seiner Schule und seiner Herrschaft. Befreiung von seiner Schule, das hiess die Wiedererhebung der handwerklichen Bautechnik zu einer echten und wahren Kunst, die Erweckung neuer Ideen, die Wiederbelebung erstarrter, leerer, trockener Formen mit reichem, angemessenem Schmuck, die Lösung grosser Aufgaben in grossem Geiste. Von der Herrschaft des Bureaus sollte die Concurrenz befreien, die allgemeine freie Concurrenz, ein gutes Mittel in einer Zeit, wo die Talente, unbekannt, in Unterdrückung geschmachtet hatten, aber gefährlich oder resultatlos heute, wo jedem Talente das Thor offen steht und die Leistungsfähigkeit vor Augen liegt.

Und die Befreiung erfolgte im Laufe und am Ende der vierziger Jahre. Die Concurrenz trat ein und auf dem freien Felde des Wettkampfes erschienen eine Anzahl Talente, unter denen allen wohl Van der Nüll als Führer und Lehrer, als kühner Neuerer in der Kunst damals weit vorragte. Es ist Pflicht der Dankbarkeit, dieses Mannes auch einmal freundlichst an dieser Stelle zu gedenken, denn er war es, der als Mitglied des Unterrichtsrathes bei der Errichtung unserer Kunstgewerbeschule die Grundlinien ihres Statuts entwarf, die sich voll bewährten und noch heute der dreifach vergrösserten Anstalt geblieben sind. Wenige Jahre darnach trat ihm ein Mann zur Seite, der kühner noch in Betretung neuer Bahnen, sicherer auch, bestimmter, klarer in seinen Kunstzielen, ihm die Führerrolle abnahm und, wenn einer der Architekten, anregend und bahnbrechend der Wiener Baukunst ihre Wege vorgezeichnet hat. Ich meine Hansen.

Aber damals, in jener Epoche der Befreiung und der Vorbereitung, bevor noch die Stadterweiterung ein unabsehbares Feld baulicher Thätigkeit eröffnete, waren jene Männer sammt ihren mitstrebenden und mitarbeitenden Genossen selber noch suchend und schwankend. Keiner von ihnen, der nicht in verschiedenen Stilen sich versuchte und nicht im Laufe der Jahre, noch nachdem er ein Meister geworden, in sich einen Wandel durchgemacht hätte. Und wie man in Deutschland alle Stilarten schon zwei Decennien hindurch nebeneinander bearbeitet hatte, so erstanden auch in Wien und Oesterreich die verschiedenartigsten Stile, Byzantinismus, romanischer Stil, Gothik, Renaissance, selbst Orientalismus, alle nur mit dem einen gemeinsamen Charakterzug eines Hauches der Romantik. Um loszukommen von der bisherigen Leerheit und Trockenheit, war es vielleicht ganz natürlich, dass sich zuerst ein Streben nach einer Art poetischen Eindrucks, nach pittoresker Erscheinung einstellte, statt nach Reinheit und Schönheit der architektonischen Formen. Es fehlte nicht an grossen Aufgaben und sie wurden in grossem Sinne concipirt, aber allen diesen Gebäuden der fünfziger Jahre hängt der Fehler romantisch-malerischen Charakters an — wenn das ein Fehler ist —; reiner Stil und reine architektonische Form ist bei ihnen noch nicht zum Durchbruch gekommen.

In dieser ringenden, strebenden, versuchenden Zeit war Heinrich Ferstel zum Meister geworden. Jung und glänzend in den Kreis der Erwählten eingetreten, war es ihm beschieden, noch an dieser vorbereitenden Epoche der grossen Wiener Architektur als der ersten einer theilzunehmen.

Im Jahre 1847 hatte Ferstel die Technik absolvirt und trat, wie damals der Gang der Studien war, in die Architekturschule der Wiener Akademie ein. Während der Jahre 1848 und 1849, da die Aeltern nach Prag übersiedelten, entstand zwar eine Unterbrechung, aber noch im Jahre 1849 wurde die Akademie aufs neue bezogen. Lehrer wie Siccardsburg und Van der Nüll, beide begeistert und geistvoll, lebensfrisch und schaffensfreudig, waren wohl geeignet, nicht bloss Talente zu erwecken und auszubilden, sondern auch mit Begeisterung für grosse Aufgaben zu erfüllen. Constructeure, Ornamentisten, vollkommene Zeichner von ausserordentlicher Fertigkeit, haben sie insbesondere auch diese letzte Eigenschaft ihren Schülern mitgetheilt, so dass dieselben noch in dritter Generation sich der Zeichenfertigkeit rühmen können. Auch unserem Freunde war sie in bewunderungswürdigem Grade zu Theil geworden. Aber seine Anlagen und Neigungen führten ihn weiter. Architekt, wie er war oder werden wollte, reizten ihn doch auch die anderen Künste. Zu ihrem wahren Verständniss zu gelangen, zeichnete er des Abends nach der Antike und nach dem Act und wurde so in Führung des Stiftes und in Auffassung und Darstellung der menschlichen Figur ein echter Schüler Führichs. Diese Art seiner Studien und seines Bildungsganges hat gewiss zu der Vielseitigkeit beigetragen, welche ihn als Künstler auszeichnete. Wenige Architekten der Neuzeit haben wie er begriffen, wie erst das Zusammenwirken der drei grossen Künste, der Baukunst, der Plastik und Malerei, das höchste Kunstwerk zu schaffen im Stande ist. Wenige haben es verstanden, wie er, auch die decorativen Künste, das Kunstgewerbe, zur Mitwirkung heranzuziehen und seinem Gesammtplane einzuordnen, so dass auch das Kleinste keinen Missklang bildet. Die Harmonie seiner eigenen Persönlichkeit, das Ausgeglichene seines ganzen Wesens bei so vielseitiger Begabung prägt sich auch in seinen künstlerischen Werken aus, und dieser Charakterzug ist es vielleicht ganz besonders, der sie so anziehend, der sie zu Lieblingsschöpfungen für alle Welt macht. Sein Schönheitssinn, sein feines Gefühl, das wundervolle, so selten sich findende Mass in allen Dingen, das er besass wie ein Künstler der antiken, der klassischen Zeit, es sprach sich schon in seinen frühesten Werken aus, in Werken, die nach ihrem Stil seiner späteren Künstlerart fast widersprechend erscheinen. Denn wenn Ferstel, wie wir ihn heute kennen, der vollkommenste, der reinste, der am meisten klassische Vertreter der erneuerten Renaissance im Sinne eines Bramante geworden ist, so zahlte er auch, ein Sohn seiner Zeit, in der ersten Epoche seines Wirkens seinen Tribut der mittelalterlichen Romantik.

Als Ferstel im Jahre 1851 die Akademie verliess, trat er in das Atelier seines Onkels Friedrich Stache ein und restaurirte und baute mit ihm Burgen und Schlösser. Eine Studienreise nach Deutschland begünstigte in ihm diese Richtung. Und als nun gar, ihr entsprechend, eine grosse Aufgabe ihm gestellt wurde, da schien er ganz dem Mittelalter und seinen Stilarten verfallen.

Ein kaiserliches Stipendium, das ihm zu Theil geworden, sollte ihn im Jahre 1853 nach Italien führen. Da erscholl der Ruf um die Concurrenz zur Votivkirche nicht umsonst für ihn. Die Arbeit hielt ihn vier Monate länger zurück, und als er sie vollendet hatte, zog er fort in das heilige Land der Kunst. Nicht lange, so erhielt er in Neapel die Nachricht seines Sieges, zugleich mit dem Auftrage, sein Project nach vorheriger Umarbeitung auszuführen. Er zählte fünfundzwanzig Jahre, da ihm der

Auftrag wurde, der grösste, der ihm werden konnte — ein Glück, sagt die Welt, und doch nur sein Verdienst.

Denn ohne Zweifel enthüllte schon der erste Plan die Vorzüge, welche des Künstlers Eigen sind und welche wir heute an dem Bau, wie er fertig vor unseren Augen steht, bewundern. Es war damals so die Meinung und ist es wohl heute noch, als ob eine Kirche nur im gothischen Stil gebaut werden dürfe. Es wurden daher die neuen Kirchen aller Orten, wo sie auch entstanden, fast durchweg im gothischen Stile erbaut, aber mit grossem Unterschiede in ihrem künstlerischen Werthe. Es liegen, so kann man wohl sagen, zwei Elemente in der Gothik, das eine ein mathematisches, ein geometrisch constructives, das andere das Element der Phantasie. Nun war man damals, im Beginn der fünfziger Jahre, wohl dahin gekommen, das mathematische Element in seiner Entstehung und Entwicklung, in der zeitlichen und räumlichen Aufeinanderfolge seiner Erscheinungsformen klar zu erkennen, und man hatte darin vor allem, vielleicht nicht mit Unrecht, das Wesen der Gothik gefunden. Die neuen gothischen Kirchen waren diejenigen der rheinischen Schule — den Kölner Dom natürlich ausgenommen — trugen daher vorzugsweise, zum Theil einzig, den mathematischen Charakter und erscheinen dem Eingeweihten, der ihrem Emporwachsen aus dem Grundriss zu folgen vermag, wie ein versteinertes Rechenexempel. Die vielen Schrägen, Ecken und Kanten, das Gespitzte und Gethürmte, das Ornament der Zirkelschläge, das Schablonenhafte der Krabben und Kreuzblumen und was weiter dazu gehört, sie gaben den gothischen Bauten der damaligen Zeit etwas krystallinisch Erstarrtes, Lebloses. Man sah ihnen an, dass Ziffern, Zirkel und Lineal weit mehr zu ihrer Gestaltung beigetragen als die künstlerische, schaffende Phantasie.

Ohne Zweifel war es die Ueberwindung dieser, man kann nicht sagen Fehler, aber dieser Leblosigkeit und Starrheit, es war die Mitwirkung des anderen Elementes, der Phantasie, welche den jungen Künstler über so viele bedeutende Mitkämpfer hatte den Sieg gewinnen lassen. Es war ihm gelungen, seinen Bau nicht bloss in bewundernswürdig schönen Verhältnissen zu componiren und aufzuführen; es war ihm gelungen, die Flächen zu beleben, die Mauern gewissermassen aufzuheben und in Streben zu verwandeln, die vielen Ecken und Kanten und Zacken und Thürmchen wie einen zusammenklingenden Reichthum von Formen und Bildungen, von Schatten und Lichtern erscheinen zu lassen. Er hatte endlich die Werke figürlicher Sculptur, die oft an alten gothischen Kirchen in höchst wundersamer Stellung verwendet sind, eben so reich wie angemessen zu verwerthen gewusst.

Und so steht heute die Votivkirche vor uns, man möchte sagen, weil dem Kopfe eines jugendlichen Künstlers entsprungen, in Jugendfrische und Jugendschönheit, frei und gross, ein solides Steingefüge und doch fein und phantasievoll empfunden, ein echtes Werk des gothischen Stils in seinen besten und echtesten Formen und doch dem modernen Kunstgefühl sympathisch nahe gebracht.

So das Aeussere, der Bau. Noch glücklicher vielleicht ist das Innere mit seinem Schmucke ausgefallen. Hier ist die lange Reihe der Jahre, welche, da die Mittel nur tropfenweise kamen, über den Bau dahingeflossen sind, der Ausstattung von Vortheil gewesen. Denn bis zu dem Zeitpunkt, dass an Polychromie der Wände, an Kanzel und Altäre, an farbige Fenster, an Gitter und Schranken gedacht werden konnte, bis dahin war die denkwürdige Bewegung der letzten Jahrzehnte in allen Zweigen des Kunstgewerbes vor sich gegangen und hatte dieselben für jede künstlerische Anforderung leistungsfähig gemacht. Sie wurden auch von unserem Meister zum Schmucke und zur Ausstattung seines Werkes vollauf in Anspruch genommen, und auch da ist es bewundernswürdig, mit welchem gesunden Sinne er vor sich ging und die Klippe vermied, an der schon mancher Künstler in der Decoration nach mittelalterlicher Art gescheitert ist. Sein Stilgefühl und sein Schönheitssinn leiteten ihn vereint mit weisem und sicherem Masse.

Die Einen unter den modernen Gothikern — und so war eine Zeitlang die bevorzugte Meinung — weisen jede Farbe von den inneren Wänden ab und wollen nur den nackten Stein. Die Wirkung ist grau, kalt und öde. Andere dagegen wollen alles mit Farbe bedecken und nehmen, wie sie glauben, dass es im Mittelalter geschehen, die ganzen, ungebrochenen Farben dazu. Vielleicht haben sie recht, aber wir können die Wirkung heute nicht vertragen; unserem Gefühl erscheint sie roh, schreiend, um nicht zu sagen barbarisch. Wie massvoll und edel dagegen wirkt die Polychromie in der Votivkirche! Unten, wo sie dem Auge nahe ist, bescheiden beginnend, wächst sie an, je höher sie steigt, und endet oben in den Gewölben in schwellenden, vollen Accorden.

Und noch Eines spricht dabei für den Meister. Es giebt Architekten und Maler, die in ihrer Vorliebe für das Mittelalter so weit gehen, alle Unvollkommenheit und Unbeholfenheit in der Zeichnung der Figuren, alle Fehler und Mängel der Perspective, die doch nur aus der Unfähigkeit hervorgegangen sind, für Stil und somit für nothwendig und unerlässlich zu halten, wenn es sich um die malerische Ausschmückung von Kirchen romanischen oder gothischen Stils handelt. „Male die Seele, kümmere dich nicht um Arme und Beine", so lauten Regel und Wahlspruch, und so werden Grimassen und Carricaturen mit aller Treue gleich denen des Mittelalters wieder an die Wände gemalt. Anders Ferstel. Für ihn lag der Geist des Mittelalters nicht in diesen hässlichen Aeusserlichkeiten, sondern in der tiefen, innigen Empfindung, in der Ruhe und

Grösse, in der Einfachheit und Klarheit, und damit lässt sich richtige Zeichnung und ein harmonisches Colorit wohl vereinen. So athmen diese Bilder an den Gewölben der Kirche den Geist mittelalterlicher Frömmigkeit; in Formen und Farben aber stehen sie auf der Höhe moderner Kunst, und niemand wird sagen können, dass sie sich nicht den Bauformen harmonisch einfügen.

Und so ist es mit der übrigen Ausstattung der Votivkirche. Es sind überall in Holz, in Stein und Eisen und Erz und Silber die Motive der gothischen Kunstepoche, aber die Gegenstände sind frei componirt unter der Herrschaft eines reinen geläuterten Schönheitsgefühls. Der Künstler schreckte selbst nicht zurück vor fremden Steinarten, vor Marmor und Alabaster, wie sie nie in gothischen Kirchen diesseits der Alpen vorgekommen. Und nun rings das Letzte, die farbigen Fenster. Die Auflösung der Mauern in Pfeiler, die vielen grossen, zum Theil sehr breiten Fenster, sie würden allzuviel Licht für den geweihten Raum in die Hallen hineingelassen haben, aber die Gemälde und die musivische Decoration der Fenster dämpfen dasselbe und geben ihm Weihe und Stimmung.

So mag dieser Bau in jeder Beziehung als ein Muster seiner Art gelten, treu den Formen und dem Geiste des Baustils, dem es angehört, und doch unserer heutigen Empfindungsweise, unserem Schönheitssinn, unserer Andacht entsprechend.

Am 24. April 1856 war der Grundstein der Votivkirche gelegt worden. Gerade zu dieser Zeit, als alle Vorarbeiten zum Bau im Gange waren, gewann unser Freund und Meister seinen zweiten Sieg in der Concurrenz um das Bankgebäude in der Herrengasse. Diesmal hatte Ferstel den romanischen Stil erwählt, den blühenden Vorgänger der strengeren Gothik. Es war damals unter den Leuten, die sich mit mittelalterlichen Kunststudien befassten, die Meinung verbreitet, dass die Gothik der Kirche zieme, der romanische Stil aber, der Stil der Hohenstaufenzeit, des Minnegesangs und des ritterlichen Epos, dem Palaste angemessen sei. Romanisch waren die Paläste Barbarossas und die fürstlichen Burgen, wie das Landgrafenhaus auf der Wartburg, die Stätte des Sängerkrieges, aber romanisch sind auch die Dome von Bamberg, Mainz, Speier, die wohl mit den gothischen Kirchen sich messen können.

Diese Meinung ist also jedenfalls unklar und in ihrer Ausschliesslichkeit nicht zu halten. Dennoch huldigten ihr bedeutende Köpfe unter den Kunstgelehrten und den gelehrten Künstlern, und so trug auch Ferstel ihr Rechnung. Die Aufgabe war durch die Lage und Gestalt des Bauplatzes eine sehr ungünstige. Kaum zur Hälfte in seinen Gränzen frei, schief und winklig, mit zwei Seiten in engen Gassen und nur mit einem schmalen Stückchen an einen freien Platz stossend, darauf sollte ein praktisch bequemes und ein imponirendes Gebäude geschaffen werden. Dass das grosse Talent des Künstlers sich auch diesmal bewährte, zeigt die mächtige Façade in der Herrengasse, das reizvoll farbige Stiegenhaus, die glückliche, hier leider durch die Lage nicht begünstigte Idee des Bazars und so vieles Andere. Dass der Bau als Bau romanischen Stils keine Nachfolge fand, dafür lag die Ursache weniger in ihm selber als darin, dass zur Zeit, da er vollendet wurde (1860), bereits eine neue Zeit im Anbruch war, eine neue Epoche der Wiener Architektur, welche über das Mittelalter völlig hinausging. Bald sollte Ferstel selber einer der ersten, wenn nicht ihr erster Führer werden.

Bis dahin aber, ein halbes Decennium und darüber, waren seine künstlerischen Neigungen und Ideen noch immer dem Mittelalter zugewandt. In neuen siegreichen Concurrenzen erhielt er den Bau der protestantischen Kirche in Brünn und der katholischen Kirche in Schönau bei Teplitz, welche beide im gothischen Stile ausgeführt wurden. Selbst um das Schützenhaus in Wien und das Museum in Pest, beide noch im Jahre 1861, concurrirte er mit Plänen im gothischen Stil, und in beiden gewann er den Preis, ohne jedoch die Ausführung derselben zu sehen. Zum Bau des Schützenhauses kam es überhaupt nicht, und in Pest herrschte bereits ein anderer Geschmack. Man hatte dem Projecte Ferstels trotzdem den Preis zuerkannt, verlangte aber die Umarbeitung im Stil der Renaissance. Unser Künstler lebte noch zu sehr in Mittelalter und Romantik, um sich dazu zu verstehen. Bald sollte es anders werden.

Mit dem Jahre 1858 fielen mit der Stadterweiterung und einem liberalen Baugesetz alle beengenden Schranken in der Bauthätigkeit der Residenz. Nach kaiserlicher Entschliessung — ein Geschenk ohne Gleichen — wurden die Mauern niedergelegt und der breite Gürtel des Glacis der Verbauung überlassen. Neben hunderten von Privatgebäuden standen eine Reihe der grossartigsten Monumentalbauten in Aussicht. Geld und Talente waren vorhanden; es war Alles gegeben zu einer glänzenden Entwicklung. Und sie kam, wie wir das alle gesehen und miterlebt haben, und sie schlug, nach anfänglich schwachen und zaghaften Schritten, wie sie die ersten Häuser am Franz Joseph-Quai und am Kärntnerring zeigen, alsbald künstlerisch einen so kühnen, entschlossenen und einheitlichen Gang ein, wie man nach der vorausgegangenen Epoche der tastenden Schwankungen und Versuche kaum erwarten durfte. Der Stil des neuen Wien ist die Renaissance geworden, die erneuerte italienische Renaissance, angewendet auf unsere Verhältnisse und Bedürfnisse. Und diese erneuerte Renaissance, der „Wiener Baustil", ist nicht bloss der Stil Wiens oder Oesterreichs geblieben; er hat, von hier ausgehend, binnen einem oder zwei Jahrzehnten einen guten Theil der Welt erobert.

Dem Beginn dieser grossartigen Bewegung gegenüber schien sich unser Freund und Meister Anfangs mehr gleichgiltig zu verhalten. Noch mit Bauten romantischen Charakters beschäftigt, hatte er an der Concurrenz um den Plan der Stadterweiterung keinen anderen Theil genommen, als dass er Mitglied der Jury gewesen war. Ja, er hatte im Gegensatz selbst versucht, das Familienhaus gegenüber der Zinscaserne zu empfehlen und am Franz Joseph-Quai eines der ersten Privathäuser noch im gothischen Style gebaut. Er musste sich bald überzeugen, dass weder das Eine noch das Andere im Geschmack der Zeit und im Geist der Epoche lag. Diese drängten unaufhaltsam zur Renaissance. Vielfache Reisen, welche in diese Zeit fallen, ein öfterer Aufenthalt in Italien hatten ihn mit der Renaissance befreundeter und vertrauter gemacht, und so machte er entschlossen die Wandlung mit, wie ausnahmslos alle Baukünstler dieser Zeit, und bald stand er an der Spitze der neuen Richtung als ihr reinster Vertreter im Geist der italienischen Hochrenaissance.

Eine grosse Reihe privater und öffentlicher Gebäude von der zweiten Hälfte der sechziger Jahre bis zur Gegenwart sind die Stufen auf dem Wege des unermüdlich schaffenden Künstlers, das Palais des Erzherzogs Ludwig Victor, die Gruppe des Palais Wertheim, das österreichische Museum zugleich mit der Kunstgewerbeschule, das chemische Laboratorium, die Häuser Leon und Weiss, bis hin zu den gewaltigen Bauten des österreichischen Lloyd in Triest und der Wiener Universität. Sie alle sind Schöpfungen desselben Geistes und Stiles, wie verschieden auch in Ausdruck und Erscheinung, alle von demselben reinen und massvollen Schönheitssinne beherrscht, der sie gleich weit entfernt hält, einerseits von der zaghaften Schwäche einer noch versuchenden Kunst, anderseits von der Ueberladung, Schwere und Willkür der Barocke.

Schon mit dem ersten der genannten Gebäude, dem Palais des Erzherzogs Ludwig Victor, zu dem das Wertheim-Palais das Gegenstück bildete, bestimmte er die Consignation eines ganzen Platzes, der auch, nach Hinwegfall der ursprünglich beschlossenen Arkaden mit seiner Aussicht auf Garten und Fontaine und dem Palais Schwarzenberg als Schluss, heute noch, wenn nicht den grossartigsten, doch den edelsten und reinsten Eindruck macht, architektonisch betrachtet, unter allen Plätzen von Wien.

Wichtiger noch in seinen Folgen, bedeutender in der Anregung, die von ihm ausging, wurde der Bau dieses unseres österreichischen Museums. Ferstel hatte die Umwandlung und Einrichtung des provisorischen Gebäudes auf dem Ballhausplatz geleitet; er war Mitglied des Curatoriums von Anbeginn gewesen, hatte alle Bedürfnisse der Anstalt kennen gelernt, und so fiel ihm dieser Bau, nicht in Concurrenz, sondern wie sein Recht zu. Es war zugleich sein erster Staatsbau. Wir selbst konnten in keine besseren Hände kommen; keiner hatte, wie er, mit uns die ersten Jahre des Werdens und Wachsens durchlebt; keiner harmonirte in gleicher Weise mit unseren eigenen Kunstanschauungen, wie wir mit den seinigen. So fiel denn auch der Bau, wenn auch künstlerisch vielleicht nicht tadellos, namentlich in der Gestaltung des Daches, doch zu unserer vollen Befriedigung aus. Wenn etwas daran verfehlt ist, so ist es dasjenige, was der Künstler-Architekt der Autorität technischer Specialitäten zu überlassen pflegt, wie es auch hier geschehen — Beheizung und Ventilation: sie sind ganz misslungen.

Aber der Bau hat mehr geleistet, als diejenigen zu befriedigen, welche in ihm zu arbeiten hatten. Die einfache, klare, praktische Disposition der Räume hat das österreichische Museum zu einem Musterbau gemacht, zum Modell eines kunstgewerblichen Museums, das z. B. in dem neuen Gebäude des Berliner Kunstgewerbe-Museums ausdrücklich Nachahmung gefunden hat. In seinem Aeusseren zwar, in der farbigen Verbindung von Haustein und Ziegelbau, waren ihm die bahnbrechenden Gebäude Hansens, die protestantische Schule und der Heinrichshof, vorangegangen. Ohne Zweifel haben sie anregend und ermuthigend auf Ferstel gewirkt, wie er das selbst ebenso schön wie edel in seinem Abschiedsbriefe an den Freund und Kunstgenossen eingesteht. Anderes aber ist sein Eigen, die erste Anwendung der Sgrafitten und der Schmuck mit glasirten Terracottenmedaillons in Art von Luca della Robbia, beides Arbeiten, die von Künstlern des österreichischen Museums selber ausgeführt wurden.

Insbesondere sind die Sgrafitten folgerich geworden. Der schöne, in der edelsten Ornamentik der Renaissance von Ferdinand Laufberger entworfene und ausgeführte Fries ist unzählige Male nachgeahmt worden. Der farbige und doch massvolle Effect, der sich so gut mit der Architektur verbindet, die verhältnissmässig leichte und doch dauerhafte Technik wirkten verlockend auf alle Architekten hier und in der Ferne, und Laufberger selbst, der mit seiner schönen Ornamentik und seinen anmuthigen Figuren ebenso wie mit dem richtigen, hier massgebenden Verhältniss der schwarzen Zeichnung zum weissen Grunde den Ton angegeben, erhielt Aufträge ähnlicher Art von allen Seiten her. Die Nachahmer sind aber weiter gegangen als er. Ganze Häuser sind in allen nur irgend vorhandenen Flächen mit Sgrafitten bedeckt worden, und als das Auge sich an solchen bisher unbekannten Anblick gewöhnt hatte, da folgten buntfarbige Bilder jeder Art, wie sie jetzt in München zu sehen sind, und wie sie allerdings auch die Alten wohl geliebt und geübt haben.

Aber seine wahre und beste Kunst brachte der Meister des österreichischen Museums erst in dem Innern desselben zum Ausdruck. Wie im Aeussern, so legten freilich auch hier die vorhandenen Mittel eine grosse Beschränkung auf. Der Künstler concentrirte daher, ausser einigen gelungenen Plafonddecorationen, wie in den Oberlichtsälen, Kraft und Mittel auf den Arkadenhof mit der sich an denselben anschliessenden offenen Stiege in der Mitte. Der Hof war eine volle Neuerung in der Architektur Wiens, wenn auch nicht in der Kunstgeschichte. Die Arkadenhöfe Italiens und vor allem diejenigen der genuesischen Paläste haben ohne Zweifel unserem Meister diesen Gedanken eingegeben, aber diese Höfe unter ihrem glücklichen Himmel sind alle offen, und Camelien und Granaten und Orangen blühen und duften in ihnen. Er aber musste den Hof schliessen, der als Ausstellungslocal zu dienen hatte, und so legte er in Eisengerüst die Glasdecke über den weiten Raum. Die Art, wie es geschah, ist seine Neuerung, eine kühne Neuerung, denn mit den schlanken granitenen Monolithsäulen und den weiten offenen Bögen behielt er völlig die Leichtigkeit, Luftigkeit und Eleganz der Genueser Höfe, aber mit der schweren Decke von Glas und Eisen gab er den Bögen und Säulen eine Last zu tragen, von der sie in Italien frei sind.

Zur Schönheit der Architektur wusste der Meister noch den Reiz der Farbe hinzuzugesellen, ebensowohl in den fein und warm gestimmten Tönen des glänzenden Stückmarmors, wie in den decorativen Malereien der Gewölbe. Auch hier hatte ihn — selbstverständlich — die italienische Renaissance geleitet. Mit sicherem Griffe nahm er — der Erste, wenigstens in dieser Weise und Ausdehnung — jene Arabesken- oder vielmehr Groteskenmalerei wieder auf, welche nach den antiken Mustern von der Frührenaissance neu erschaffen und von Rafael und seinen grossen Schülern Giovanni da Udine und Giulio Romano mit ewiger Schönheit ausgestattet wurden. Und hierin (ausser dem ausführenden Maler Isella) kam ihm insbesondere das unvergleichliche decorative Talent Laufbergers zu statten, unseres und seines gleichfalls allzu früh zu unersetzlichem Verlust dahingegangenen Freundes. Würdig jener Meister, entwarf und malte Laufberger die Decoration in unserem vielbewunderten Stiegenhause, das mit seiner feinen Architektur, mit seinem reizenden Colorit, mit der weihevollen Stimmung des Lichtes durch die zart gefärbten Fenster wie ein Juwel sich an den Ring der Arkaden anlehnt — ein malerisch reizvoller Anblick in jeder Beleuchtung.

Am 4. November 1871 war das österreichische Museum vollendet und der Schlussstein gelegt. Der Weg, der mit diesem Bau betreten war, wurde von unserem Meister nicht wieder verlassen. Eine Reihe Privathäuser, die in den siebziger Jahren entstanden, zeigen, wie sehr Ferstel sich in den Stil der Renaissance eingelebt hatte, wie frei und schön er sich in ihren Formen und ihrem Geiste bewegte. Alles ausnahmslos trägt den gleichen Charakter edler, massvoller Vornehmheit. Den Terracottenbau, den er mit dem österreichischen Museum so glücklich begonnen, führte er weiter in dem Gebäude des chemischen Laboratoriums und in der Kunstgewerbeschule. Die Stellung, welche er als Präsident des Verwaltungsrathes der Wienerberger Ziegelwerke einnahm, mochten ihm für diese so rationelle und naturgemässe Bauweise ein besonderes

Interesse erwecken, andererseits schwebten ihm die reizvollen, so warmfarbigen Terracottenbauten Oberitaliens als Muster vor. Wer hätte nicht an ihrer malerischen, oft phantasievollen Erscheinung ein freudiges Wohlgefallen gefunden! In den beiden genannten Gebäuden stellte er ihnen würdige Seitenstücke, einfacher, vielleicht edler und vornehmer in der Kunstgewerbeschule, reicher, geschmückter im Ornament wie im architektonischen Detail im chemischen Laboratorium. Der Weg, den er hier einschlug, war wiederum sein Eigen, anderen zum Vorbilde.

Kaum hiermit fertig, begann er seinen letzten und grossartigsten Bau, die Wiener Universität, die nach langen Schwankungen und wechselnden Entschlüssen endlich den Platz gefunden hatte, wo sie stehen sollte, einen vortrefflichen Platz, künstlerisch betrachtet, vielleicht minder gut in Anbetracht der Stille und Ruhe, welche Lehre und Wissenschaft verlangen.

Die Aufgabe, die hier dem Künstler gestellt worden, scheint auf den ersten Blick leicht und einfach. Hohe, weite, lichte und luftig gesunde Säle für die Vorlesungen, das scheint alles oder die Hauptsache zu sein. Aber diese Säle und Gemächer werden ihrer hundert oder mehr verlangt. Da kommt das Bedürfniss der verschiedenen Wissenschaften und fordert Laboratorien, Cabinette, Säle für die Sammlungen, Einrichtungen für die Demonstrationen. Zu allem sollen leichte und bequeme Zugänge vorhanden sein, und vier- bis fünftausend Menschen, die den täglichen Verkehr bilden, setzen überall Freiheit und Klarheit der Circulation in Treppen und Corridoren voraus. Dann die zahlreichen Räume zu anderer Bestimmung, die Kanzleien, die Sitzungs- und Prüfungssäle. Nun weiter die grosse Bibliothek, die mit ihren besonderen Zwecken und besonderem Inhalt eine völlig eigenartige, für sich allein schon eine grosse Aufgabe ist und sich doch dem Ganzen praktisch wie künstlerisch einfügen soll, das Vestibul, das Stiegenhaus und endlich die Aula, der grosse Festsaal. Und wenn das alles nun, einschliesslich Heizung und Lüftung und Material, in allen räumlichen Beziehungen festgestellt ist, so geht es an die künstlerische Gestaltung des Aeusseren. Das alles, zum Theil einförmig, zum Theil von ganz besonderer Art, soll im äusseren Bau zur Erscheinung kommen; die kolossale Flucht der vier Seiten des Riesenbaues soll belebt, von ihrer Einförmigkeit befreit werden; eine jede soll sich darstellen als ein volles Kunstwerk, verschieden und doch zusammengehörig, der gemeinsamen Idee untergeordnet. Und nun endlich im Aeusseren wie im Inneren der eigentliche Schmuck, der ornamentale wie der bildnerische, die zahlreichen plastischen Figuren, die Malereien, die doch schliesslich bei einem Gebäude, dem ersten und höchsten Sitze der Wissenschaft, einem Gebäude, das der Kunst zur Ehre, dem Lande und der Stadt zum Stolze dienen soll, nicht unterlassen werden können.

Wahrlich eine Aufgabe, der grössten eine, die nicht bloss einen eminenten Künstler, auch einen eminenten Kopf erfordert.

Wie das gewaltige Gebäude sich heute vor unseren Augen erhebt, ist es nur möglich, dasselbe in seiner äusseren Gestaltung zu beurtheilen, ein hochragender viereckiger Bau in der Mitte, der ganz dem speciellen Unterricht gewidmet ist, daran vorn in der Hauptfaçade die Aula mit den Hauptstiegen und den Nebenräumen, rückwärts die Bibliothek, auf den Ecken kuppelgekrönte Pavillons, welche die Seiten verbinden und jeder für sich Relief und Abschluss geben. Jegliche Bestimmung ist klar ausgesprochen, in der Front die hoch emporschiessende Aula, rückwärts die fensterlose, mit Blendarkaden gegliederte Wand des mit Oberlicht erleuchteten Bibliothek-saales, zu den Seiten die gleichmässige Flucht der Hörsäle. Künstlerisch betrachtet, wir glauben Melodien zu hören; in unserer Erinnerung werden die grossen Bauten Italiens lebendig, und die gepriesenen Namen Bramante und San Michele und Sansovino, und wie sie sonst lauten, aus der goldenen Zeit des Cinque cento, klingen in unserem Ohr.

Der grosse Meister ist heimgegangen zu seinen Genossen. Er hat sein Werk unfertig verlassen müssen, ohne den Schmuck, der ihm erst den Stempel der Vollendung aufdrücken sollte. Freilich, seine Ideen, wie er es machen wollte, sind bekannt, sind gezeichnet und niedergelegt, und er hat das Werk gelassen in den bewährten Händen seines Schwagers, seines langjährigen treuen Mitarbeiters Köchlin, aber über diesen Ideen schwebte und schwebt das Schwert des Damokles.

Werden diejenigen Räume, die dafür bestimmt und berechnet sind, so fragen wir besorgt, auch den farbigen, malerischen Schmuck erhalten, den sie verlangen wie Hungernde und Dürstende?

Unser Freund und Meister liess noch mehr der Waisen zurück als diesen unvollendeten Bau. Das Geschick hatte es gut mit ihm gemeint: es hatte ihn wie mit Schaffensdrang, so auch mit Schönheit und Lebensfreudigkeit ausgestattet und hatte ihm ein häusliches Glück wie nicht vielen gewährt und hatte es ihm ungetrübt und lange Jahre geniessen lassen. Zu Grinzing auf weit das Land überschauender Anhöhe hatte er zu jener Zeit, da er noch in der architektonischen Romantik lebte, diesem Familienglück eine reizende Stätte geschaffen, und gerade hatte er sich auch das städtische Heim für das Leben nach Bedarf und Geschmack eingerichtet. Im Behagen der eigenen Häuslichkeit besass er einen ausserordentlichen Sinn dafür, der so oft den Architekten abgeht. Beweis dessen die von vielen mit Dank gepriesene Anlage der Cottages bei Währing, die seine Schöpfung war und der er noch in letzter Stunde einen gemeinsamen Mustergarten zu schaffen bemüht war.

Und wie er das Glück in Haus und Familie genoss und sich mit Stolz der Erfolge seines Strebens erfreuen konnte, so waren ihm auch die äusseren Ehren zu Theil geworden, so viel er nur wünschen mochte. Seine mitstrebenden und mitkämpfenden Genossen in aller Welt hatten ihm die ersten Preise zuerkannt und kaiserliche Huld ihm Auszeichnungen verliehen, eine nach der andern. Geliebt von seinen Freunden, geachtet und geehrt von aller Welt, in voller reifer Manneskraft, so stand er da auf der Höhe eines beneidenswerthen Lebens.

Er musste das alles lassen, Glück und Ruhm, Haus und Familie, die Arbeit der Gegenwart und die Pläne der Zukunft. Die Alten würden ihn auch darin als einen Liebling der Götter betrachtet haben, dass sie ihn von hinnen nahmen, bevor er die Kräfte erlahmen, bevor er sich selber langsam absterben sah. Nein, auf ihn passt nicht das Wort des Dichters:

> Ein stückweis' Sterben ist das Leben,
> Das letzte Stück nur fällt ins Grab.

Mitten in der Vollkraft seines Schaffens, auf der Höhe seines Lebens, in der reifen Blüthe der Männlichkeit, leuchtend noch in all den Gaben, welche ihm die Natur verliehen hatte, sank er in das Grab. So steht er in unserem frischen Gedächtniss, und so wollen wir die Erinnerung bewahren und heilig halten.

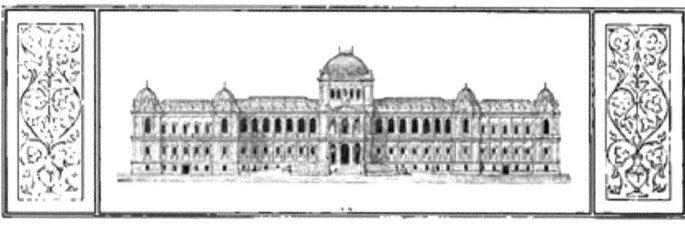

II.

DIE BAUTHÄTIGKEIT HEINRICH VON FERSTELS
SEIT DEM JAHRE 1879.

VON R. v. EITELBERGER.

or allen Bauten Heinrich von Ferstels bildet die Votivkirche in seinem künstlerischen Leben einen Markstein. Sie ist jenes Werk, welches im Jahre 1854 die Aufmerksamkeit der ganzen gebildeten Welt zum ersten Male auf den Baukünstler gelenkt hat. An dem Tage, den 24. April 1879, an welchem die Votivkirche in feierlicher Weise dem Kirchendienst übergeben wurde, hat gewiss Niemand daran gedacht, dass der Erbauer dieses Gotteshauses so bald aus der Reihe der lebenden Architekten scheiden würde. Da das künstlerische Wirken Ferstels bis zur Zeit der Vollendung der Votivkirche von mir bereits ausführlich geschildert wurde, erscheint es mir vollständig gerechtfertigt, dass ich hier die Bauthätigkeit des Künstlers von jenem Zeitpunkte an bis zu dem Tage beleuchte, an welchem derselbe allzufrüh für die Kunst aus der Reihe der Lebenden geschieden ist. Die Schilderung der zahlreichen Bauwerke, welche Ferstel in dieser Zeit geschaffen hat, giebt nur ein unvollständiges Bild des Künstlers. Es muss dieses ergänzt werden durch die reiche Wirksamkeit des Künstlers in der Gesellschaft. Es ist daher nöthig, Ferstel zu schildern als Lehrer, als Bildner der Jugend, als Schriftsteller. Im öffentlichen Leben hat Ferstel eine reiche vielseitige Thätigkeit entwickelt; er war der Mittelpunkt seiner zahlreichen und liebenswürdigen Familie. Alle diese Punkte müssen erörtert werden, soll das Bild des Künstlers in seinen Hauptumrissen deutlich vor unsere Seele treten.

Die Bauten, welche Ferstel in den letzten Jahren durchgeführt hat, sind eben so zahlreich als mannigfaltig.

Mit den Entwürfen einiger dieser Bauten hat sich Ferstel schon in den Jahren vor der Einweihung der Votivkirche beschäftigt. Die Anzahl der Baudenkmale, die von ihm in der letzten Zeit seines Lebens projectirt und ausgeführt wurden, ist sehr gross; es gibt kaum einen zweiten Architekten der Gegenwart, dessen Thätigkeit eine so productive gewesen ist. Ihm kam dabei die Leichtigkeit der künstlerischen Composition zu statten und seine ungewöhnliche Fertigkeit im Zeichnen. War er sich einmal über einen Entwurf klar, so brauchte er nur kurze Zeit, um die Ideen, welche seinen Geist erfüllten, zum sichtbaren Ausdruck zu bringen. In der letzten Zeit seines künstlerischen Schaffens ist es ihm klar geworden, dass für Profanbauten die Bauformen der italienischen Renaissance den Bedürfnissen der modernen Gesellschaft am besten entsprochen. Bei kirchlichen Bauten hat er aber fortwährend an dem gothischen Stil festgehalten, weil er überzeugt war, dass dieser Stil für den Cultus der katholischen Kirche der bei Weitem geeignetste ist.

In der hier zu besprechenden Periode seiner künstlerischen Thätigkeit ist ihm weiter keine Gelegenheit geboten worden, gothische Kirchenbauten auszuführen, und es hat den Erbauer der Votivkirche schmerzlich berührt, dass er von der katholischen Geistlichkeit seines Vaterlandes so wenig beachtet wurde. Zwar wurde ihm von Kaiser der Auftrag gegeben, den Entwurf für eine Kathedrale in Serajewo anzufertigen, aber zur Durchführung des Baues ist es nicht gekommen, weil die Geldmittel hiefür nicht ausreichend vorhanden waren. In den letzten Jahren vor seinem Tode wurde ihm von einem Freunde der katholischen Kirche in England, Sir Tatton Sykes in Sledmere (Yorks, der Auftrag zu Theil, eine gothische Kirche ähnlich der Votivkirche zu bauen. Ursprünglich handelte es sich um den Bau einer solchen Kirche auf dem Landsitze des Sir Tatton in der Grafschaft York.

Die Art, wie Sir Tatton die Bekanntschaft mit Ferstel angeknüpft hat, ist ebenso charakteristisch für den Künstler wie für den englischen Kunstfreund. Letzterer hatte bereits längere Zeit Europa bereist, um irgend einen modernen Kirchenbau zu finden, der ihm gefiel und der als Vorbild für jene Kirche zu dienen hätte, die auf seinem Landsitz erbaut werden sollte.

Auf dieser Reise, welche Sir Tatton in Gesellschaft seiner Frau durch England, Frankreich, Deutschland und Oesterreich machte, kam er auch nach Wien, sah die Votivkirche und nach eingehender Inspicirung derselben wendete er sich an den Sacristan mit der Frage, wer der Erbauer dieser Kirche sei und wo er wohne. Sofort nach erhaltener Auskunft verfügte sich Sir Tatton mit seiner Frau in das nahe gelegene Atelier Ferstels und begrüsste ihn mit den Worten: „Herr Baurath, wollen Sie auch für uns eine solche Kirche bauen wie die Votivkirche?" Ferstel antwortete sehr bescheiden: „Warum sollte ich nicht eine solche Kirche bauen? Aber ich muss darauf aufmerksam machen, dass der Bau eines derartigen Gotteshauses nicht gewöhnliche Geldmittel erfordert." Sir Tatton erwiderte, das wäre das Geringste, die Geldmittel würden zur Verfügung stehen. Die Unterredung schloss Sir Tatton mit dem Bemerken, dass er jetzt mit seiner Frau nach Italien gehe, in kurzer Zeit aber zurückkommen werde, um alles Nähere mit Ferstel zu besprechen.

Nach vierzehn Tagen erschien Sir Tatton mit seiner Frau wieder bei Ferstel, und es wurde in der That alles Weitere vereinbart, um den Bau beginnen zu können. Von da an beginnt begreiflicher Weise eine sehr lebhaft geführte Correspondenz zwischen Ferstel und Sir Tatton. Die Londoner Katholiken aber, welche in Erfahrung brachten, dass Sir Tatton eine katholische Kirche bauen wolle und diesen Bau einem so berühmten Architekten wie Ferstel übergeben habe, richteten ihre Bemühungen dahin, Sir Tatton zu bestimmen, dass diese Kirche nicht auf dessen Landsitz in der Grafschaft York, sondern in London erbaut werde. Diese Bemühungen fanden eine grosse Stütze an dem Cardinal Manning in London, welcher ebenfalls dahin strebte, dass eine katholische Kathedrale in London erbaut werde.

Ferstel begab sich bald darauf direct nach London, um mit dem Cardinal zu conferiren, und um mit namhaften Baumeistern, mit grossen Steinlieferanten etc. in Verbindung zu treten, damit die Lieferung von gutem Material für den projectirten Kirchenbau gesichert sei; denn bei dem Bau einer Kathedrale von der Grösse der Votivkirche hängt viel von der glücklichen und vernünftigen Einleitung des Baues ab.

Eine nicht geringe Schwierigkeit ergab sich bei der Wahl eines zweckmässigen Platzes für den Bau der neuen Kathedrale in London. Doch ist es gelungen, einen geeigneten Platz zu erwerben, dank der grossen Geldmittel, welche der englischen katholischen Gesellschaft zur Verfügung stehen. Dieser Platz befindet sich in der Mitte von London, nicht weit entfernt von der Residenz des Erzbischofs, in der unmittelbaren Nähe der Victoria Street, auf einem Platze, den bisher ein baufälliges Gefängniss eingenommen hat und der sammt den darauf befindlichen Baulichkeiten, welche demolirt werden, um den Preis von 120.000 L. Sterl. erworben wurde. So berichten englische Journale, und es ist wohl kein Zweifel, dass es sich auch wirklich so verhält. Auf diese Weise wurde Ferstel der Architekt für die künftige katholische Kathedrale in London, welche den Titel „New Westminster Kathedrale" führen wird, und Sir Tatton der Begründer dieser Kathedrale.

Der Plan für die neue katholische Kirche in London wurde nach dem Vorbilde der Votivkirche entworfen, nur wird die künftige Kathedrale um ein Travée länger sein als ihr Wiener Vorbild. Sie wird einen Chorumgang ähnlich dem in der Votivkirche haben, dagegen im Aeusseren das Detail einfacher und massiger gehalten sein, um den Bau gegen die bösen klimatischen Einflüsse Londons widerstandsfähiger zu machen.

Ferner ist geplant, in dieser Kirche eine Triforiumsanlage durchzuführen, wodurch selbstverständlich der Bau einen reicheren und pittoresken Charakter gewinnt. Nach den Intentionen des Sir Tatton soll die ganze Kirche mit Glasmalereien geschmückt werden, um der englischen Glasmalerei Gelegenheit zu grösserer Entwicklung zu geben. Vorläufig ist aber ausser den Glasgemälden auf eine Polychromie des Innern der Kirche keine Rücksicht genommen, wohl aber werden daselbst Chorstühle und ein Hauptaltar in Ciborienform aufgestellt werden, und zwar in ähnlicher Art wie in der Votivkirche. Nach dem Bauprogramm soll eine selbstständige Sacristei gebaut und mit der Kathedrale durch eine Halle in Verbindung gebracht werden. Die Engländer wollen den Platz um die Kathedrale mit Gebäuden in der Weise umgeben, dass die ganze Oertlichkeit einen einheitlichen und harmonischen Charakter erhält, ähnlich wie es bei der Votivkirche in Wien der Fall ist. Dadurch soll auch die Möglichkeit geschaffen werden, bei Verkauf der Baustellen, resp. der Gebäude, einen Theil der für den Platz verausgabten Summe hereinzubringen. Wenn man bedenkt, dass dem Baukünstler damit eine Aufgabe gestellt wurde, die an Grossartigkeit und Schönheit das übertreffen sollte, was bei der Votivkirche geleistet wurde, so kann man nur in den schmerzlichen Ruf ausbrechen: „Armer Ferstel, wie Schade, dass du die Durchführung dieses grossartigen Baues nicht erleben konntest!" Nach dem Tode Ferstels wird nunmehr das Atelier Ferstel, welches von dem Architekten Köchlin und dem Sohne des Verstorbenen, Baron Max Ferstel, geleitet wird, es übernehmen, den Bau der Londoner katholischen Kathedrale nach dem Projecte des dahingeschiedenen Künstlers auszuführen, falls die diesbezüglichen Unterhandlungen zu einem günstigen Resultate führen sollten.

Kein Auftrag aber erfüllte Ferstel mit so grosser Begeisterung als der Bau der Wiener Universität. Die Bestimmung des Gebäudes, sowie dessen grosse Ausdehnung ist ja auch ganz geeignet, jeden Künstler im hohen Grade zu begeistern. Von edlem

Ehrgeiz beseelt, hat Ferstel auch das Beste, was er zu leisten vermochte, in dem Entwurf für das Universitätsgebäude niedergelegt und auch in diesem Werk ein Baudenkmal geschaffen, das seinen Namen für immerwährende Zeiten in der Kunstgeschichte verherrlichen wird.

Wien besitzt aus der jüngsten Bauperiode eine grosse Anzahl vorzüglicher Bauten im Renaissancestil, aber bei keinem Bau ist dieser Stil in so reinen Formen zum Ausdruck gekommen wie an der Wiener Universität. Der Bau ist heutigen Tags noch nicht in allen seinen Theilen vollendet. Es fehlen im Innern des Baues alle Festräume und auch die Bibliothek ist noch nicht fertiggestellt; es fehlen ferner noch einige Institute, welche zur Ergänzung der Universität nöthig sind. Auch fehlt an den Aussenseiten der Universität noch ein Theil des künstlerischen Schmuckes. Die Rücksichten auf den Staatsschatz haben es leider nothwendig gemacht, in Bezug auf die künstlerische Aussendecoration Beschränkungen eintreten zu lassen, so dass der Bau im Aeussern nicht so reich und so harmonisch ist, wie sich dies der Künstler ursprünglich gedacht hat. Aber trotzdem bleibt der Universitätsbau, so wie er ist, der schönste und ohne Zweifel vollendetste Renaissancebau, welchen das moderne Wien aufzuweisen hat. Da der Universitätsbau sich in der nächsten Nähe der Votivkirche befindet, so hat der Künstler willkommenen Anlass genommen, das freie Terrain von der Alserstrasse bis zur Währingerstrasse künstlerisch zu beleben und durch den Einfluss, welchen er auf die Bauten in der Nähe der Votivkirche genommen hat, diesen Platz gewissermassen einheitlich zu gestalten. Die künstlerische Physiognomie dieses Stadttheils ist ein Werk Ferstels und wird es bleiben für alle Zeiten.

Ferstel hatte im Jahre 1871 eine Reise nach Italien unternommen und alle jene grossen Renaissance- und Palastbauten studirt, welche mit seinen Ideen für den Universitätsbau im Zusammenhange standen, so dass sein Geist befruchtet von den Eindrücken, die er in Bologna, Padua und Genua, insbesondere aber in Rom empfangen, an den Entwurf für den Universitätsbau herangetreten ist. Seine italienische Reise hat nicht wenig dazu beigetragen, seinen Geist zu reifen und seinen angebornen Schönheitssinn zu entwickeln. Nicht wenige Bauglieder des Universitätsbaues athmen einen bramantesken Geist. Sie haben einen harmonischen Rhythmus, der an Schönheiten des Goethe'schen Versbaues aus der Zeit, wo er seine Iphigenie in Italien dichtete, und Klangformen des Mozart'schen Styles erinnert. Die Handhabung der Formen der italienischen Renaissance ist heutigen Tages ebenso verschieden wie die der hellenischen Bauformen. Theophil Hansen ist unter den modernen Baukünstlern derjenige, der die hellenische Bauform am reinsten anwendet, Ferstel derjenige, der die italienische Renaissance am schönsten durchgebildet hat. Nicht das Grossartige der Renaissance hat ihn angezogen, sondern das Harmonische und Poetische an derselben. Jeder, welcher Sinn für die architektonische Schönheit hat, wird die Nach-klänge der italienischen Reise leicht herausfinden. Im Winter des Jahres 1871—72 wurde der erste Entwurf fertig, so dass Ferstel in der Lage war, diesen Entwurf im Frühjahr 1872 dem Ministerium vorzulegen. Bald erhielt das Ferstel'sche Project die Genehmigung des Kaisers. Bis zum Beginne des Baues verfloss jedoch noch ein volles Jahr.

Das Programm des Universitätsbaues war ein sehr complicirtes und dessen Durchführung stiess auf eigenthümliche Schwierigkeiten, da das ganze Bauterrain erst terrassirt werden musste. Es fällt nämlich das Terrain von der oberen Südwestecke nach der Ringstrasse um 2·85 Meter und längs der Ringstrasse selbst abermals um 0·95 Meter, so dass die nordöstliche Ecke um 3·79 Meter tiefer liegt als die südwestliche.

Am 6. April 1878 hat Ferstel im Ingenieur- und Architekten-Verein einen Vortrag über den Bau der Wiener Universität gehalten, in welchem er sich sowohl über die künstlerischen wie über die technischen Aufgaben dieses Baues mit grosser Klarheit ausgesprochen hat. Das Hauptgebäude der Universität besteht aus vier ver-schiedenen Baugruppen, innerhalb deren der grosse Arkadenhof liegt. An der vorderen Seite befinden sich die Festräume und der Haupteingang, auf der rückwärtigen Seite die Räume für die Bibliothek. Auf der rechten und linken Seite befinden sich Studien-räume, und ist die eine Seite der Hauptsache nach für die philosophische, die andere für die juridische Facultät bestimmt. Der von diesen vier Baugruppen umschlossene grosse Hof hat eine Breite von 45 Metern und eine Länge von 70 Metern. Jedes von den beiden den Hof flankirenden Lehrgebäuden enthält wieder zwei grössere und zwei kleinere Höfe. Nach den Dimensionen, welche das ganze Universitätsgebäude hat, beträgt die Frontlänge 161 Meter, die Tiefe 133 Meter, also ein Areale von 21.412 Quadratmeter. Nach Abzug der Höfe ergibt sich eine verbaute Fläche von 14.530 Quadratmeter.

An den Bau der Wiener Universität mussten grosse künstlerische Anforderungen gestellt werden. Da dieses Bauwerk sich auf dem schönsten Platze von Wien befindet und die Zusammenstellung mit dem Parlaments- und Rathhause bedingt war, überdies der Architekt glaubte, dass gerade die Universität, die Quelle des Wissens, jener Ort ist, wo auch der Sinn für Wahrheit und Schönheit gebildet werden soll, und dass durch das allgemeine Walten künstlerischer Tendenzen dieser Keim in die empfängliche Jugend gelegt werden soll, so machte Ferstel die grössten Anstrengungen, um den Bau der Wiener Universität zu einem künstlerisch bedeutsamen zu gestalten. Um dieses Ziel zu erreichen, hat Ferstel, wie schon gesagt, sich in die italienische Renaissance vertieft; jedoch hat er dieselbe nur als sein ideales Vorbild angesehen, denn eine unmittelbare Anwendung des italienischen Palastbaues auf die Universität war schon aus inneren Gründen unmöglich, da diese Palastbauten von ganz anderen Voraussetzungen ausgehen und ausserdem die besten Arbeiten der italienischen Architekten wohl im Entwurf vorliegen, in Wirklichkeit aber nicht zur Ausführung gekommen sind. So sehen wir zum Beispiel, dass sich der Arkadenhof der Universität an die Bauformen des Hofes im Palazzo Farnese anlehnt, welcher selbst wieder eine Nachbildung des Marcellus-Theaters ist. Die Arkaden im Parterre sind in toscanisch-dorischer Ordnung ausgeführt, während im ersten Stockwerk die jonische Ordnung herrscht. Für die Bekleidung der Aussenfaçaden wurde der Grisignanostein, für die Façaden der Höfe der Groisbacher-Stein gewählt. Der Grisignanostein ist wohl der edelste

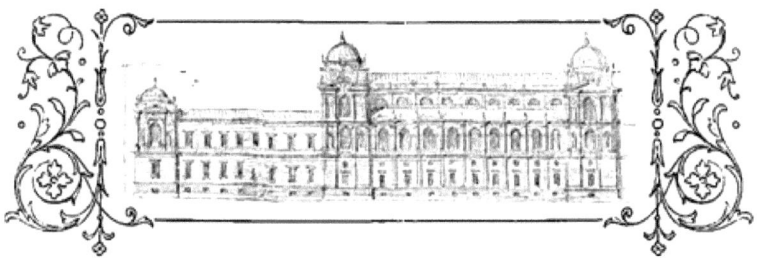

unter den Istrianer Steinen, welcher auch schon bei den alten Monumenten und Sculpturen in Istrien und Venedig zur Anwendung gekommen ist und dessen Verhalten gegenüber den Witterungseinflüssen genügend bekannt und erprobt ist.

Bei keinem Baue vielleicht zeigt sich die grosse künstlerische Gestaltungskraft Ferstels und dessen eigenthümlicher Sinn für Schönheit und Harmonie, Vorzüge, die doch durch alle Werke des Künstlers hindurchgehen, in so reichem Masse als bei dem Baue der Wiener Universität. Der Etagenbau, die Arkaden, die Entwicklung der verschiedenen Räume, die Vestibules, Stiegenanlagen, Pavillons etc. vereinigen sich beim Universitätsbau zu einem eigenartigen Kunstwerk, dessen Schönheit noch dadurch gehoben wird, dass Ferstel bei seinem Entwurf von der Ueberzeugung durchdrungen war, dass gerade bei diesem Bau die strengen und reinen Formen der italienischen Hochrenaissance viel mehr massgebend sein sollten als die nach malerischer Entwicklung hinstrebenden Formen der italienischen Spätrenaissance. Darum wird sich auch Niemand des grossen künstlerischen Eindruckes erwehren können, welchen dieser Bau auf jeden für künstlerische Schönheit empfänglichen Beschauer ausübt.

Die Bibliothek ist für die Universität eben so wichtig als die Vorlesesäle. Sie ist das Sammelbecken, aus dem sowohl Schüler als Lehrer ihre geistige Nahrung schöpfen. Auch wegen der Durchführung dieses Theiles des Baues hat Ferstel eingehende Studien gemacht und speciell Deutschland, Frankreich und England besucht, um die Einrichtungen hervorragender Bibliotheken in diesen Ländern kennen zu lernen. In seinem Skizzenbuche haben sich auch einige Studienblätter von seinen Reisen vorgefunden, die speciell auf den Bibliotheksbau Bezug hatten. Wenn ich nicht irre, so waren es vorzugsweise die grossen Neubauten für die Bibliothèque nationale in Paris und deren innere Einrichtung, sowie die neue Aufstellung des britischen Museums, welche dem Künstler am meisten nachahmenswerth erschienen sind. Die Durchführung seines Projectes ist auf eigenthümliche Schwierigkeiten gestossen bei jenen Bibliothekaren, welche sich von den alten Einrichtungen nicht emancipiren konnten. Ferstel hat darüber viel Zeit verloren, da man sich mit dem Gedanken getragen hat, vorläufig mit einer Handbibliothek auszureichen und die innere Einrichtung auf eine spätere Zeit zu vertagen.

Glücklicherweise sind diese Verschleppungsversuche gescheitert, und wenn nicht alle Anzeichen trügen, so wird noch im Jahre 1884 die Uebersiedlung der Universitätsbibliothek in die neuen Räume ernsthaft in Angriff genommen werden können. Allerdings werden die Innenräume der Bibliothek auch einen künstlerischen Schmuck erhalten müssen, aber die Hauptsache bleibt immer die, dass die Bibliothek, welche einen grossen Bücherschatz in sich schliesst, so bald als möglich und in zweckmässiger Weise aufgestellt und Lehrern und Schülern zugänglich gemacht werde.

Die Festräume umfassen den grossen Festsaal (die Aula), einen mittleren Festsaal, einen kleineren Festsaal, die Sitzungs- und Consistorial-Sitzungssäle, die Universitätsämter und das Arbeitszimmer für den Rector. Die Festsäle liegen alle an der Ostseite des Gebäudes, dort, wo auch der Haupteingang sich befindet. Ferstel hoffte, dass wenigstens die Hauptdisposition für die malerische und statuarische Ausschmückung der Universität im Jahre 1884 festgestellt sein werde. Aber auch im Jahre 1884 sind wir noch weit entfernt davon, diesen Wunsch erreicht zu sehen. Nicht einmal das ist erreicht worden, dass das künstlerische Programm für die innere Ausschmückung in den Hauptumrissen festgestellt wurde. Ferstel selbst hat diese Angelegenheit mit Laufberger und nach dem Tode Laufbergers mit Prof. Eisenmenger besprochen. Als es sich vor einigen Jahren darum handelte, den Historienmaler Keller aus Karlsruhe zu berufen, wurde diese Angelegenheit flüchtig berührt und die Grundidee für eine malerische Ausschmückung der Aula dahin präcisirt, es möchte eine Darstellung gewählt werden, welche in den Pendentifs die wissenschaftlichen Institute, welche unter Kaiser Franz Josef in den Kronländern gegründet wurden, versinnlicht, als Hauptbild hingegen eine ähnliche Darstellung gewählt werden, wie sie sich in der alten Aula befindet. Aber das Project scheiterte an dem Widerwillen deutsche Ausländer an unsere Akademie zu berufen.

Gegenwärtig bemüht sich der kunstsinnige Abgeordnete Nic. Dumba, für die Innenausschmückung der Aula einen Specialcredit für das nächste Budget durchzusetzen. Ob dieser Antrag angenommen wird, ist bei der heutigen Finanzlage Oesterreichs nicht mit Sicherheit anzunehmen. Auch ist das Verständniss für die Aufgabe der historischen und der Monumentalmalerei bei uns nur in sehr kleinen Kreisen und das nur bei jenen Künstlern lebendig, welche Träger des Nationalitätscultus sind, wie es bei den Czechen, Magyaren und den Polen der Fall ist. Diese Völker besitzen auch Künstler, die ihr künstlerisches Glaubensbekenntniss mit der Verwirklichung der politischen Ideale jener Völker innig verschmolzen haben. Aber dem österreichischen Künstler deutscher Nation wird es kaum gestattet sein, Ideale der Art auszusprechen. Stösst ja doch jetzt die Aufführung der historischen Dramen Grillparzers auf Hindernisse.

Wie wenig Einsicht in die künstlerische Bedeutung der Wandmalerei vorhanden ist, zeigt die zaghafte Art, wie die Wandmalerei an der Decke des Festsaales der Akademie und des Justizpalastes behandelt wurde. Ferstel, der sich mit hohen Ideen bei der malerischen Ausschmückung der Universität trug, musste zu seinem Schmerze erfahren, wie wenig man diese begriffen hat.

Die plastische Ausschmückung der Aussenseite der Universität ist nach den Ferstel'schen Ideen durchgeführt. Es ist gelungen, eine Reihe von hochbegabten jungen Bildhauern, wie Pecha, Schwerzek u. A. zu beschäftigen, für den Hauptgiebel der Universität den Medailleur Josef Tautenhayn zu gewinnen. Es war ein gewagtes Unternehmen, Tautenhayn, der sich nur in der Medailleurkunst und in der Kleinplastik eine hervorragende Stellung errungen hat, für die Ausführung der grossen Giebelgruppe in Vorschlag zu bringen. Ferstel setzte sich über das von Künstlern und Laien getheilte Vorurtheil hinweg, dass die Kleinkünste und die grosse monumentale Plastik verschiedene und getrennte Künste seien, deren Basis zwar dieselbe sei, welche im Kunstleben aber getrennt seien und geschieden bleiben sollen. Ferstel hat sich in dem Talente Tautenhayns nicht geirrt. Die in Istrianer Kalkstein von Tautenhayn ausgeführte Giebelgruppe gehört sowohl ihrer Composition als ihrer sorgfältigen Ausführung halber zu den gediegensten, stilvollsten Leistungen der jüngeren Wiener Bildhauerschule.

Wenn es aber auch Ferstel nicht vergönnt war, die Vollendung des Universitäts-baues zu erleben, so ist es doch schon jetzt zweifellos, dass, wenn die Aula und die Bibliothek vollendet sein werden, dieses Bauwerk am meisten dazu beitragen wird, den Ruhm des genialen Künstlers für alle Zeiten sicherzustellen.

Im Laufe des Jahres 1884 dürften wohl alle Unterrichtsräume des neuen Universitätsgebäudes der Benützung übergeben werden. Ferstel hatte eine sehr deutliche Vorstellung von den baulichen Bedürfnissen einer modernen grossen Universität und hat deswegen mehrere Studienreisen unternommen, auch nach England. Er hat mit mir oft und eingehend gesprochen. Ihn interessirten die engli-schen Universitäten, insbesonders die Oxforder Universität, wo für einzelne Unterrichts-zweige selbstständige Gebäude aufgeführt sind. Er hielt es für das Ideal eines Uni-versitätsbaues, dass für die einzelnen Universitätsinstitute selbstständige Bauten aufgeführt werden, und hielt dies für die naturwissenschaftlichen Institute für uner-lässlich, da der Lehrapparat für diese Wissenschaften unmöglich in Einem Gebäude zweckmässig untergebracht werden könne. Er hoffte aber dass diese Gebäude durch die stilistische Behandlung als zur Universität gehörig kenntlich gemacht werden. Er hat, wie es für jeden Kunstfreund selbstverständlich ist, Universitätsbauten nicht als Noth- oder Bedürfnissbauten, sondern als Monumentalbauten angesehen. Darin hat er sich nicht geirrt, dass auch im Deutschen Reiche diese Auffassung Platz-greifen werde. Er wünschte, dass die Ausschmückung der Universität nicht mit Einem Schlage, sondern successiv durchgeführt werde, um auf diese Weise den Boden für eine regelmässige Beschäftigung der Künstler*) auf dem Gebiete der monu-

---

*) Um unseren Lesern ein Bild von den Bestrebungen Ferstels in Bezug auf die künstlerische Ausschmückung des Universitätsbaues zu geben, theilen wir im Nachfolgenden einen von ihm beantragten Kostenüberschlag mit:

Für den Festsaal:
Malereien an der Decke in Fresco . . . . fl. 50.000
Zwei Statuen, eine Gruppe, eine Anzahl Büsten 15.000

Auf der Festtreppe:
Ein grosses Mittelbild, zwei kleine Seitenbilder, vier kleine Bilder, zehn viereckig gerahmte Bilder 50.000
Acht historische Porträtfiguren 20.000
Acht Nischenfiguren für die zweite Haupttreppe 20.000

Für die Decke der Hof-Arkaden:
19 Bilder, 18 Medaillons, 84 Porträtmedaillons, dann eine Anzahl verschieden geformter Bildflächen ca. 140.000

Für die beiden Atrien im Festsaalbau:
Vier eingerahmte Bilder in Frescomalerei und ausserdem figurale Darstellungen in den Pendentifs 20.000
Gesammtkostenbetrag . . . fl. 315.000

Hievon sollte der Betrag von 65.000 fl. für die nächsten drei Jahre, der Betrag von 250.000 fl. dagegen in einem Zeitraume von 10—20 Jahren zur Verwendung kommen.

mentalen Malerei zu gewinnen. Er musste Schritt für Schritt das Terrain für seine Projecte erkämpfen, um seine künstlerischen Ideale nur einigermassen zur Geltung zu bringen. Diese Kämpfe haben in der letzten Zeit nicht wenig dazu beigetragen, sein Gemüth zu verstimmen, und sein physisches Leiden zu steigern.

Während der Zeit, als Ferstel mit dem Monumentalbau der Wiener Universität beschäftigt war, hat er noch eine Reihe anderer Bauten ausgeführt, die von der Vielseitigkeit des Künstlers Zeugniss geben. Sie alle in ihren Einzelnheiten zu besprechen würde viel zu weit führen, aber deren charakteristische Details zu erwähnen halte

ich für nöthig, um dem Leser eine Vorstellung zu geben von der weitverzweigten Thätigkeit und der ungewöhnlichen Arbeitskraft des Künstlers.

Eines der originellsten Werke, welche Ferstel entworfen hat, ist der Bau des Rathhauses in Tiflis, welcher Bau ihm von dem dortigen Bürgermeister übertragen wurde. Hier galt es ein Gebäude aufzuführen, das im Stile der Bauten jener Gegend in der Nähe der Baudenkmale des alten Georgien und Armenien hergestellt werden sollte, und das zugleich den modernen Bedürfnissen eines Stadthauses im europäischen Sinne zu entsprechen hatte. Das Gebäude ist gegenwärtig fertig. Wir geben eine kurze Beschreibung des originellen Baues.

Die 60 Meter lange, 50 Meter tiefe Bauarea grenzt mit zwei im rechten Winkel zusammenstossenden Seiten an Strassenzüge, von den beiden anderen Seiten der

Grundfläche ist die eine ganz, die andere theilweise eingebaut. Ein 20 Meter breiter, 12 Meter tiefer Hof theilt die Baufläche in vier Trakte, deren vorderer die 60 Meter lange Hauptfaçade enthält. Diese letztere besteht wie der ganze Bau aus Erdgeschoss, erstem und zweitem Stock und ist in einem Stile durchgeführt, der italienisch-gothische Grundformen mit byzantinischen Details vereinigt.

Der 19 Meter lange, 10·60 Meter breite Festsaal, im ersten Stock gelegen, tritt in reicher architektonischer Gliederung vor die Hauptfaçade vor, überragt die

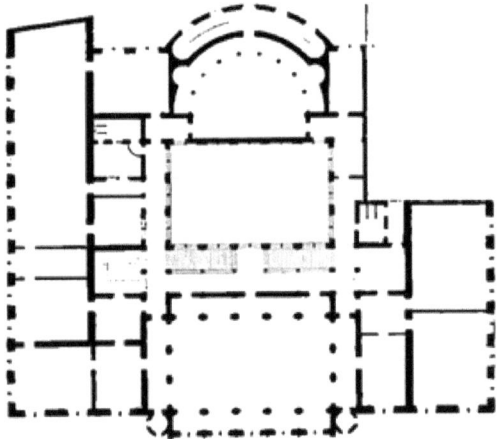

selbe um ein atticaähnliches Obergeschoss und ist von zwei Eckthürmchen flankirt, die in luftige Pavillons mit Kuppeldächern endigen. Das Dach des Saalbau-Risalites hat ein doppelt geschwungenes Profil, wie diese Dachform aus dem Orient in den russischen Baustil aufgenommen wurde. Der Saal geht durch zwei Stockwerke hindurch und ist ringsum von säulengetragenen Gallerien umgeben. Ein reichgegliedertes Spiegelgewölbe bildet die Decke. Seine Beleuchtung erhält derselbe im ersten Stock durch fünf grosse Rundbogenfenster, welche durch Mittelsäulen in zwei Theile getheilt sind. Ueber diesen sind im zweiten Stockwerke fünf durch reiches Masswerk gegliederte Rundfenster angebracht. Schliesslich enthalten noch die Lunetten des Deckengewölbes an beiden Langseiten des Saales gekuppelte Rundbogenfenster.

Im Erdgeschoss, unter dem Festsaale und in gleicher Flächenausdehnung mit letzterem, liegt das geräumige Vestibule, das einige Stufen über dem Strassenniveau gelegen ist. Hinter demselben, das Licht vom Hofe empfangend, liegt die symmetrisch zur Hauptachse angeordnete Haupttreppe, welche nur zu den im ersten Stock liegenden Festräumlichkeiten hinaufführt. Die Communication mit den übrigen Stockwerken vermitteln zwei dreiarmige Treppenhäuser, die links und rechts von der Haupttreppe in den Hofecken gelegen sind. Der Hof zeigt auf kräftigen Rundbogen im Erdgeschoss reichgegliederte zweigetheilte Rundbogenfenster im ersten, und ebensolche zierlich gehaltene dreifach gekuppelte im zweiten Stockwerk.

In der Mittelachse der Hauptfaçade an der hinteren Seite des Hofes, dem Lärm der Strasse entrückt, liegt der halbkreisförmig angeordnete Sitzungssaal. Er ist von einer Gallerie umgeben, welche sich mit einer Säulenstellung und Rundbogen gegen den Saalbau öffnet und durch rückwärts der Halbkreisform des Grundrisses angeschmiegte Treppen zugänglich ist. Die Beleuchtung dieses Saales wird zunächst durch ein Oberlicht erzielt, ferner durch drei dreifach gekuppelte Fenster im zweiten Stock gegen die Hofseite.

Zur Zeit, als Ferstel den Bau der Votivkirche bereits vollendet hatte, wurde im Jahre 1879 von der Gesellschaft des österreichisch-ungarischen Lloyd in Triest der Bau eines neuen Administrationsgebäudes beschlossen und für die Erlangung geeigneter Entwürfe eine beschränkte Concurrenz ausgeschrieben, aus welcher Ferstel als Sieger hervorging. Im Frühjahr 1880 wurde ihm die Durchführung des Baues übertragen. Die Lage des Bauplatzes ist eine vortreffliche. Das Gebäude erhebt sich, vom Wasser nur durch die Strassenbreite der Riva del molo S. Carlo getrennt, in mächtiger Front vor dem Hafen und der offenen See, in der Richtung nach Westen. Die um die Ecke liegende Nordfront ist nach dem grossen freien Platze, Piazza grande, gerichtet, ebenso weithin sichtbar und, weil der Stadt zugekehrt, die Hauptfront des Gebäudes bildend. Die Südfront ist gegen die Sanità, die Ostfront gegen die Via del orologio gerichtet.

Wenn so prächtige Situation dem entwerfenden Architekten Freude und Sporn sein konnte, so musste dem ausführenden Architekten diese Freude durch die Sorge etwas beeinträchtigt werden, welche ihm die sichere Fundirung dieses Baues bereiten musste angesichts des schlammigen, noch nicht lange dem Meere abgerungenen Baugrundes, in welchem eingerammte Piloten der grössten Länge keinen festen Stand zu finden vermochten. Glücklicherweise waren dies für Triest keine ungewohnten Verhältnisse und es standen Erfahrung und geeignete Materialien zur Ueberwindung der hierin gebotenen Schwierigkeiten zur Verfügung.

Die Baustelle bildet nahezu ein Quadrat von 63 Meter Seitenlänge. Ein Gebäude von solchen Dimensionen war aber für die Administrationsbedürfnisse des Lloyd nicht erforderlich, weshalb die gegen die Sanità gelegene Seite als Zinshaus von dem eigentlichen Administrationshause gesondert wurde. Das Zinshaus selbst ist wieder in zwei symmetrische Hälften getrennt.

Die der Administration gewidmete Gebäudehälfte hat den Haupteingang, während die eigentlich für die Benützung bestimmten Eingänge an der Riva und der Via del orologio situirt sind. Sie sind durch eine Säulenhalle mit einander verbunden, von welcher aus die Zugänge und Stiegen zu allen Theilen des Gebäudes führen.

Das ursprünglich für vier Stockwerke projectirte Gebäude hat in der Ausführung wegen besserer Ausbildung der Hauptgeschosse nur drei Stockwerke mit einem Mezzanin erhalten. Im Erdgeschosse gegen die Riva zu sind die Bureaux für die Spedition und das Ankunftsbureau eingerichtet, während die übrigen Theile desselben als Geschäftslocalitäten dienen. Der ganze Mezzanin der nördlichen Gebäudehälfte ist von den Bureaux in Anspruch genommen; der erste Stock enthält in der Mitte der Hauptfaçade den durch zwei Stockwerke gehenden Fest- und Sitzungssaal, daneben die Empfangs- und Sitzungssäle des Verwaltungsrathes und die Bureaux der Directoren. Der zweite Stock enthält durchaus Wohnungen.

Da die meisten der geforderten Localitäten Nutzräume sind, so haben nur wenige Räume eine bevorzugte architektonische Behandlung erfahren. Hiezu gehört vor Allem das Hauptvestibule, eine symmetrische dreiarmige Anlage, ferner der Festsaal und die angrenzenden Säle des Verwaltungsrathes, endlich die Durchfahrtshalle, welche den Hof in zwei Theile schneidet und als ein wirkungsvoller Säulenbau betrachtet werden muss.

Von den vier Façaden sind die beiden gegen den grossen Platz und gegen die Riva zu gewendeten als die weithin sichtbaren architektonisch ausgezeichnet. Ueberdies besitzt die Seefaçade, welche schon weit vom Meere aus sichtbar ist, einen Thurmbau, der sich auf vorspringendem Risalite in der Mitte der Front bis zur Höhe von 40 Meter erhebt.

Mit Rücksicht auf die freie Lage des Gebäudes sind die Architekturformen einfach, aber in kräftiger Gliederung gehalten. Das Erdgeschoss ist mit dem Mezzanin durch eine einfache Rusticabekleidung zu einem Geschoss zusammengezogen und entspricht dieser Gesammthöhe das grosse Vestibule und die correspondirenden Brunnennischen der Hauptfaçade. Die Fenster des Hauptgeschosses treten durch kräftige Profilirungen hervor, wogegen die kleineren Fenster des zweiten Stockwerkes in mässiger Plastik gehalten sind. Das Bauwerk wird an allen vier Seiten durch ein der korinthischen Säulenordnung conformes Kranzgesimse abgeschlossen, über dem sich eine Balustrade herumzieht. Nur an der Hauptfaçade gegen den Platz wird diese Höhe noch überragt durch eine Attica, welche in der Mitte von einer das Wappen umgebenden Figurengruppe und auf den Postamenten von vier Statuen gekrönt ist. Der Thurm der Seefaçade steigt in zwei stark markirten Absätzen über die krönende Attica empor. Die grossen Nischen an den beiden Eckrisaliten erhalten figurengeschmückte Brunnen.

Der bildnerische Schmuck besteht aus folgenden figuralen Darstellungen: die Mittelgruppe auf der erhöhten Attica stellt zwei geflügelte weibliche Schildhalterinnen dar, denen Kindergestalten mit allegorischen Emblemen, die friedliche Arbeit einerseits und den Kampf mit dem Meere andererseits kennzeichnend, beigesellt sind. Die Atticafiguren zu beiden Seiten der Mittelgruppe zeigen, den allegorischen Knabengestalten entsprechend, einerseits Vulcan und Mercur, andererseits Aeolus und Poseidon.

Zu beiden Seiten des Thurmes sind die Gestalten der die Seefahrer beschützenden Göttinnen Leukothea mit ihrem Sohne Palaemon und Urania, das Sinnbild des gestirnten Himmels, dargestellt.

Die beiden Zwickelfiguren im ersten Stock der Hauptfaçade zeigen die Macht des Reichthums auf dem Meere und zu Lande.

Die beiden grossen Nischen der Hauptfaçade umfassen je einen Brunnen mit einer Figurengruppe, die eine das Meer als majestätische Naturerscheinung, die andere das Quellwasser als unentbehrliches Heil- und Genussmittel darstellend.

Die eigenartige Beschaffenheit des Baugrundes machte ein besonderes Studium der Fundamentirung nothwendig. Dieselbe wurde in vier Schichten hergestellt, und zwar besteht die unterste, 1 Meter hohe und 4 Meter breite Schichte aus einem mit Santorinerde hergestellten Beton und ruht auf einem mit demselben Materiale ausgemauerten starken Roste aus Lärchenholz. Die zweite Schichte, 0·80 Meter hoch, ist aus grossen Masegnoblöcken hergestellt, deren einzelner 6 Kubikmeter Grösse hatte. Die dritte, 0·40 Meter hohe Schichte ist in ähnlicher Art aus kleineren Masegnoblöcken hergestellt und darauf wurde noch eine 0·60 Meter hohe Schichte Fundament-Mauerwerk aus Bruchsteinen gesetzt.

Die Steinverkleidung an den Façaden ist theils aus Orserastein, theils in Grisignanostein gearbeitet. Die Figuren sind nur in Grisignanostein ausgeführt. Von Karststein sind sämmtliche Stiegen, die Säulen in der Durchfahrtshalle, sowie die Pilasterungen in allen Vestibulen hergestellt. Die Säulen und Pfeiler an der Hauptstiege sind jedoch in rothem Veroneser Marmor ausgeführt. In dem Gebäude ist die elektrische Beleuchtung eingeführt, welche von der Firma Ganz & Co. in Pest installirt wurde.

An der künstlerischen Ausschmückung haben sich Maler Schönbrunner, Bildhauer J. Pokorny und H. Härdtl aus Wien und die „Società degli operai scalpellini" in Triest betheiligt. Die übrigen Bauarbeiten wurden von Firmen in Wien, Triest, Agram und Laibach ausgeführt, welche bereits ein gesichertes Ansehen besassen.

Als Bauführer fungirte ein Schüler Ferstels, Architekt Josef Horwath aus Wien, der seine schwierige Aufgabe zur vollsten Zufriedenheit Ferstels löste.

Der Bau wurde im Sommer 1880 begonnen und im Herbste 1883 vollendet. Die Kosten desselben belaufen sich ohne den Werth des Baugrundes auf fl. 900.000.[6].

Der Bau des Administrationsgebäudes des österreichisch-ungarischen Lloyd hat für Triest eine besondere Bedeutung. Die Nähe von Venedig hat dort manchen Architekten verführt, Bauformen zu wählen, die als schwächliche Copien des Dogenpalastes und anderer im maurisch-byzantinischen Stile errichteten venezianischen Bauten erscheinen, und darum ist es ein ganz besonderes Verdienst Ferstels, dass er dem unruhig bewegten Stadthaus von Triest das Lloydgebäude gegenübergestellt hat, das sich durch reinen Stil, durch Vornehmheit in der Erscheinung und durch die schöne Harmonie seiner Linien auszeichnet, und das zugleich eine Schule für jene Bauhandwerker gewesen ist, welche an dem Bau beschäftigt waren. Die Schönheit und die Harmonie des Baues tritt besonders für diejenigen hervor, die vom Meere kommend des Gebäudes ansichtig werden.

Einen besonderen Reiz haben bei allen Bauten Ferstels seine Stiegenhäuser. Wenn einmal eine vergleichende Architektur der architektonischen Bauglieder geschrieben wird, so werden die Stiegenhäuser Ferstels als eine Specialität des Künstlers zur Besprechung kommen müssen.

Jeder menschlichen Kraft sind gewisse Gränzen gezogen, die man nicht ungestraft überschreiten darf. Bei Männern, welche einen höheren Schaffensdrang in sich fühlen und ihre Thätigkeit auf verschiedene Objecte richten, ist es wohl begreiflich, dass die physische Kraft erschöpft wird, während die geistige Kraft noch ungeschwächt fortwirkt. Die zahlreichen Arbeiten, welche Ferstel in den letzten Jahren übernommen hatte, waren nicht bloss architektonischer Natur, sondern umfassten ausser dem Gebiete der Kunst noch viele Zweige des öffentlichen Lebens, so dass es wohl begreiflich

*) Die Wiener allgemeine Bauzeitung vom Jahre 1884 enthält obige Beschreibung des Lloydgebäudes ausführlicher, unter Beischluss von vier Plänen.

ist, wenn in den letzten Jahren seines Lebens seine Gesundheit angegriffen wurde. Ferstel hat sich während seiner jüngsten Thätigkeit nur relativ wenig Pausen gegönnt, er hat rastlos fort und fort gearbeitet, ich möchte sagen zur Besorgniss seiner Freunde und seiner Familie, die ihm angerathen haben zu verreisen und sich geistig und körperlich auszuruhen. Aber es liess ihm keine Ruhe, er arbeitete fort, und so blieb der Künstler geistig zwar kräftig, körperlich aber wurde er geschwächt.

Die letzten Arbeiten, mit welchen sich Ferstel beschäftigt hat, waren die Entwürfe für den Eingang des Arlberg-Tunnels und den Hochaltar der Kirche zu „unserer lieben Frau" bei den Schotten in Wien.*) Nach dem Tode des letzten Prälaten des Schottenstiftes, des humanen Priesters Helferstorfer († 1881), wurde von seinem Nachfolger der Beschluss gefasst, zur Erinnerung an Helferstorfer und zugleich zum Andenken an die Errettung aus der Türkennoth 1683 einen neuen Hochaltar zu er-

richten. Bekanntermassen ist das Schottenkloster eine grossartige Stiftung von Heinrich Jasomirgott und wurde dasselbe 1683 von den anstürmenden Türken hart bedrängt und verdankt seine Erhaltung nur der heldenmüthigen Ausdauer der Bürger Wiens und der Tapferkeit des Heeres. Die Ausführung des Hochaltars wurde dem Architekten Ferstel übertragen, der Jahre hindurch Bewohner des Schottenstiftes war und dessen Söhne am Schotten-Gymnasium ihre Studien durchgemacht haben.

Ferstel hat mit diesem Hochaltar ein Meisterwerk der Renaissancekunst geschaffen, an welchem alle Kunsttechniken, die in Oesterreich gegenwärtig zur neuen Blüthe gelangten, in Verwendung gekommen sind. Den Tag der Einweihung dieses

*) Eine kleine Monographie dieses Altars erschien im Jahre 1883 im Selbstverlage des Schottenstiftes unter dem Titel: „Die Kirche unserer lieben Frau bei den Schotten in Wien und der neue Hochaltar, welcher zur dankbaren Erinnerung an die vor 200 Jahren erfolgte Rettung Wiens am Feste Maria Namen 1883 eingeweiht wurde."

Altars (9. September 1883) hat der Künstler nicht mehr erlebt. Beiläufig noch 14 Tage vor seinem Tode widmete er diesem Altar seine Thätigkeit, bestieg er zur Untersuchung der Arbeiten die Gerüste und kam, den Keim des Todes in sich tragend, in seine Wohnung zurück, um schon nach so wenigen Tagen seinen Geist auszuhauchen. In dem Gewölbe über dem Hochaltar der Schottenkirche hat Ferstel auch seine Gedanken über die Polychromie einer Kirche niedergelegt, ebenso, wie er gewissermassen sein künstlerisches Glaubensbekenntniss auf dem Sterbebette mit voller Klarheit des Geistes in einem Schreiben an Oberbaurath Theophil Hansen gerichtet hat. Bange Sorge für die Zukunft der Wiener Architektur beschlich sein Herz, denn er wusste sehr wohl und hat es an sich selbst deutlich erfahren, dass die freie Kunst der Architektur von Niemandem in heftigerer Weise befehdet wird als von der Baubureaukratie, die unfähig zu herrschen, doch mächtig genug ist, den Fortschritt in der Baukunst Wiens aufzuhalten.

In den Skizzenbüchern Ferstels findet sich noch der Entwurf eines Grabdenkmals für seinen Vater und einer Grabcapelle für sich und seine Familie am Grinzinger Ortsfriedhof. Die Entwürfe sind im gothischen Stile gehalten und gehören zugleich mit dem Hochaltare in der Schottenkirche zu den letzten Arbeiten des unvergesslichen Künstlers.

III.

HEINRICH VON FERSTELS LITERARISCHE WIRKSAMKEIT.

VON R. v. EITELBERGER.

ie die meisten Architekten, hat auch Ferstel den grössten Theil seiner Projecte mit einer Denkschrift begleitet, in welcher er das Project erläutert, die Motive auseinandersetzt, die ihn bestimmt haben, das Project zu entwerfen. Zu den hervorragendsten Leistungen Ferstels auf diesem Gebiete dürfte wohl seine Denkschrift über die Cottage-Anlagen und über den Bau der neuen Universität gerechnet werden. Einige Denkschriften des Baukünstlers sind in der Wiener Bauzeitung veröffentlicht worden. Wie Ferstel die ihm gegebenen schwierigsten architektonischen Probleme mit der grössten Leichtigkeit und Klarheit durchführte, so gewandt hat er auch mit der Feder seinen Ideen Geltung zu verschaffen gewusst. Auf diese schriftstellerische Thätigkeit Ferstels muss speciell hingewiesen werden, um den Umfang seines geistigen Wissens und seine allgemeine literarische und kunstwissenschaftliche Bildung erkennen zu können. Unter seinen Denkschriften ist aber keine wichtiger als jene, welche er aus Anlass des Concurrenzprojectes für das Reichsrathsgebäude in Berlin verfasst hat und die im Manuscript gedruckt vorliegt, und keine seiner literarischen Enunciationen ist bedeutsamer als jener Brief, den er auf dem Sterbebette an Hansen geschrieben hat.

Die literarischen Leistungen Ferstels sind weniger bekannt, als sie es verdienen, und sind an und für sich höchst bedeutsam, wenn man erwägt, dass einer der ersten Architekten der Gegenwart es ist, der sich über die Aufgaben der Architektur ausgesprochen hat. Nicht bloss Fachmänner, sondern alle Kunstfreunde haben daher begründeten Anlass, was ein solcher Mann dachte und schrieb, mit voller Aufmerksamkeit zu betrachten. Auch zeigen uns die Schriften Ferstels den denkenden Künstler, der mit klarem Bewusstsein die Zielpunkte und die Aufgaben der Architektur feststellt und diese Aufgaben der praktischen Lösung entgegenführt. Die literarischen Arbeiten Ferstels sind auch darum wichtig, weil sie die intimsten Grundgedanken der Bauwerke des Künstlers beleuchten. Jetzt, wo durch den geistvollen Brief Ferstels an Hansen auch die Aufmerksamkeit des Publicums auf die literarische Thätigkeit Ferstels gelenkt wurde, darf man hoffen, dass die in seinen Schriften niedergelegten Ansichten auch ferner nicht unbeachtet bleiben werden.

Ferstel gehörte nicht zu den gelehrten Architekten, wie z. B. Gottfried Semper, Viollet-le-Duc, Carl Bötticher und Hittorff solche gewesen sind. Aber er gehörte zweifelsohne zu den hochgebildetsten Architekten deutscher Nation der Gegenwart. Von Hause aus hatte er keine gelehrte Bildung und beklagte es manchmal, dass er, entsprechend den damaligen Lebensgewohnheiten, keine humanistischen Studien an einem Gymnasium durchgemacht habe. Aber er besass eine umfassende Belesenheit nicht bloss der Fachwerke, sondern auch der Klassiker aller Nationen, speciell der deutschen Nation, und es entging ihm nichts, was auf dem Gebiete der Kunstliteratur Hervorragendes erschienen war. Er hinterliess deshalb eine ausgewählte Bibliothek moderner und alter Literatur und nebenbei eine ganz ausgezeichnete Kunstsammlung von Gemälden und Kupferstichen. Wenn er schrieb, so schrieb er für seine Fachgenossen, und dann, wenn er im praktischen Bauleben einem Princip huldigte, das er auch mit der Feder zu vertheidigen für seine Pflicht hielt. Sein überaus reges Pflichtgefühl war es auch, das ihm noch auf dem Sterbebette die Feder ergreifen hiess, um mit zitternder Hand das niederzuschreiben, was wenige Stunden vor seinem Tode seine innerste Seele bewegt hat. Er war noch voll von Zukunftsplänen, die Todesgefahr nicht ahnend, in der er schwebte, und nur ein dunkles Gefühl sagte ihm, dass er sehr schwer krank sei, weshalb er nicht unausgesprochen lassen durfte, was ihn erfüllte. Er schrieb ohne Schwulst, einfach, bestimmt und klar, stets nur zur Sache und liebenswürdig in der Form, wie er selbst einer der liebenswürdigsten Menschen und Charaktere gewesen ist, den Wien geboren hat. Selbst dort, wo er eine gegentheilige Meinung auszusprechen für nöthig fand, that er es in der vornehmsten Form und ohne seinen Gegner irgendwie zu provociren.

Er war sich ferner darüber vollständig klar, dass es der Beruf eines Architekten sei, durch Bauwerke die sociale Lage seiner Mitbürger zu verbessern. Diesem Bedürfnisse entsprang seine im Vereine mit dem Verfasser dieser Zeilen herausgegebene Broschüre, welche im Jahre 1860 erschienen ist und den Titel führt: „Das bürgerliche Wohnhaus und das Wiener Zinshaus." Mehrere seiner Publicationen beschäftigen sich mit dem Cottage-Bau, bei welchem die in der erwähnten Schrift niedergelegten

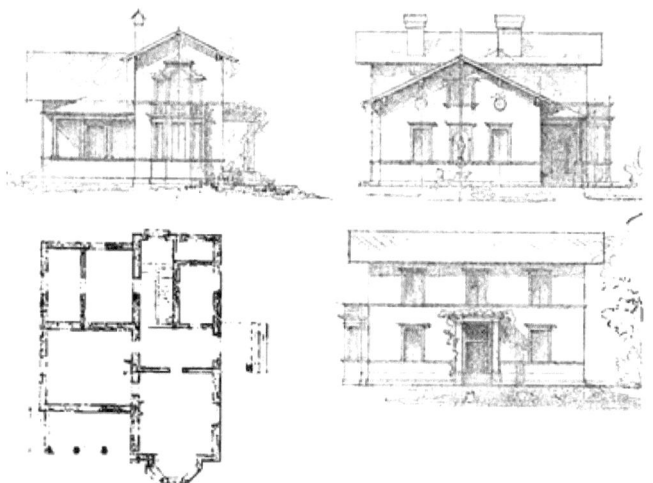

Gedanken zum Durchbruch gekommen sind. In die Reihe dieser Schriften gehört auch die Frage der Regulirung Wiens und der Umgebung von Wien, eine Abhandlung, welche unserem Ministerrathe zur eingehenden Lectüre empfohlen werden kann, besonders jetzt, wo die Stadtbahnfrage im Zuge ist.

So wenig er als Architekt Doctrinär war und nach gegebenen architektonischen Recepten gearbeitet hat, ebenso wenig war er es als Fachschriftsteller. Es hat sich bei ihm nicht darum gehandelt, irgend eine bestimmte Stilrichtung mit der Feder zu vertreten, wie z. B. Hübsch den altchristlichen Stil so warm empfohlen hat, und wie die Engländer Scott und Pugin den gothischen Stil als den allein seligmachenden bezeichnet haben. Der Geist Ferstels war fortwährend in einem Bildungsprocess begriffen und sprengte alle Fesseln eines Stildoctrinarismus, sobald er erkannte, dass der eine oder der andere Stil für eine bestimmte Aufgabe in der Architektur sich passender erwies. Er war durch und durch ein moderner Renaissancemensch, der das Bedürfniss gefühlt hat, alle Bildungselemente seiner Zeit in sich aufzunehmen und seiner Kunst zuzuführen. Als höchster Leitstern seiner künstlerischen Gedanken galt ihm das Princip der Schönheit; die Harmonie der constructiven Formen mit dem decorativen Schmuck war ihm Lebensprincip. Darin liegt auch der eigenthümliche Reiz seiner kirchlichen Bauten im gothischen Stile, weil sie bewegt sind von einem eigenthümlichen Schönheitsgefühle. Darum verwendete Ferstel die Polychromie, welche er als Lebenselement eines jeden architektonischen Baues betrachtete, stets in massvoller Weise und mit innerer Empfindung. Der Schönheitssinn, welcher Ferstel beseelte, zeigt sich auch bei kleineren Bauten, welche derselbe ausgeführt hat, wie z. B. bei der Kunstgewerbeschule des Museums mit dem Verbindungsgange, dann bei dem Schulhaus in Grinzing und seiner eigenen Villa daselbst. Es wird mir wohl in der nächsten Zeit Anlass gegeben werden, eingehender die Verdienste Ferstels auf dem Gebiete der Kunsttechnik und dem, was man Kunstindustrie nennt, zu würdigen, sowie jene kunsttechnischen Zweige in Oesterreich hervorzuheben, welche speciell durch Ferstel künstlerisch belebt worden sind.

Dass ein Künstler wie Ferstel, dem Schönheit und Harmonie das innerste Lebensprincip gewesen sind, mit dem modernen Barockismus sich nicht befreunden konnte, begreift Jeder. Alle seine Bauwerke sind ohne jede Zuthat von Barockismus. Ständiger Mitarbeiter des Wiener Ingenieur- und Architekten-Vereines, sind auch die meisten seiner Werke in dem Organe dieses Vereines abgebildet und von ihm erläutert.

Ein sehr interessantes Project verdanken wir Ferstel in seinem Entwurfe für das Reichstagsgebäude in Berlin. Eine Denkschrift, welche diesem Entwurfe beigegeben und im Jahre 1882 gedruckt erschienen ist, erläutert die Anschauungen des Künstlers über Stil in umfassender Weise. Dass das Project an und für sich eines der geistvollsten war, welche aus diesem Anlass zum Vorschein kamen, darüber waren auch die competenten Stimmen in Berlin einig. Wenn es aber trotzdem nicht zur Ausführung gekommen ist, so liegt die Schuld wie aller Orten auch in Berlin an dem Einfluss von Elementen, welche sozusagen überall die natürlichen Gegner eines jeden freien selbständigen Künstlers sind. Darum hat sich auch in Berlin der Haken gefunden, um das Project Ferstels bei Seite zu schieben. Auf dieses Project des verstorbenen Künstlers und die dasselbe begleitende Denkschrift hinzuweisen halte ich für meine

Pflicht, denn die wenig gelesene und beachtete Denkschrift enthält die Ideen Ferstels über die Aufgabe der modernen Architektur. Aus dem Capitel „Aesthetisches" der Denkschrift wollen wir im Folgenden einige Sätze herausheben, welche als die leitenden Principien Ferstels betrachtet werden können. Er sagt: „Zum Ausdrucke grosser architektonischer Gedanken befähigt nur die vollkommene Beherrschung einer allgemein verständlichen Formensprache. Nur mit dieser Macht ausgestattet werden wir wieder originell sein können, weil nur die einfachsten und gemeinverständlichen Mittel überzeugend wirken, und weil es nur auf diese Weise gelingen kann, die alten Formen neu zu beleben."

„Das Motto (Bramante), welches ich meinem Entwurfe zu Grunde gelegt habe, soll dieser meiner Ueberzeugung Ausdruck verleihen, dass uns das Beispiel der alten Meister auf den rechten Weg führen muss."

„Nicht als ob ich die Richtung Bramantes als die massgebende bezeichnen wollte, wohl aber seine grossen Absichten, welche allein im Stande sein können, uns zu bedeutenden architektonischen Thaten zu befähigen."

„Bramante befand sich am Schlusse des 15. Jahrhunderts in einer ähnlichen Lage, in der wir uns heute befinden. Aus dem bunten und ziemlich zerfahrenen Wesen der damals herrschenden Richtungen wusste er den richtigen Weg zu wählen, indem er bei Anwendung einfachster Mittel vor allem anderen auf den charakteristischen Ausdruck den architektonischen Accent zu legen bemüht war. Das reiche schmückende Detail suchte er durch richtige Verhältnisse zu ersetzen, und indem er das Schwergewicht auf grosse Raumgestaltung und auf Gliederung in diesem höheren Sinne architektonischer Bildung legte, hat er jene Richtung inaugurirt, welche mit Recht als die goldene Zeit der Architektur bezeichnet wird."

„Die Eignung der italienischen Hochrenaissance für die modernen Bedürfnisse, man kann wohl sagen ihr internationaler Charakter dürfte, nachdem ein streng nationaler Stil nicht vorliegt, die gewählten Formen für den vorliegenden Zweck wohl empfehlen."

„Die eigentliche künstlerische That scheint mir aber weniger in der correcten Behandlung anerkannt guter Formen zu suchen zu sein, als vielmehr in der richtigen Anwendung auf eine aus der Natur der Aufgabe sich entwickelnde charakteristische Gebäudeform, also in der architektonischen Grundgestaltung sowohl des Innern wie des Aeussern."

„Dass hierbei der Schwerpunkt auf die Hauptform und auf gute Verhältnisse zu legen ist, wird unbestritten bleiben, ebenso, dass das Detail möglichst einfach sein muss, um wirkungsvoll zu bleiben, indem die Wiederholung und der Wechsel einfacher

Architektur-Motive von selbst zu einem wohlthuenden und verständlichen Reichthum führt. In gleicher Weise wird auch zugegeben werden, dass ein derartiges Bauwerk eines höheren Schmuckes als der ermüdenden Wiederholung schematischer Ornamente bedarf.“

„Zur Verwirklichung der einschlägigen, in reichem Masse sich ergebenden Ideen müsste der Bildner in Erz und Stein, der Maler und Mosaikist, sowie die in Folge weiser Pflege nun rasch aufblühende Kunstindustrie ihr Bestes beitragen.“

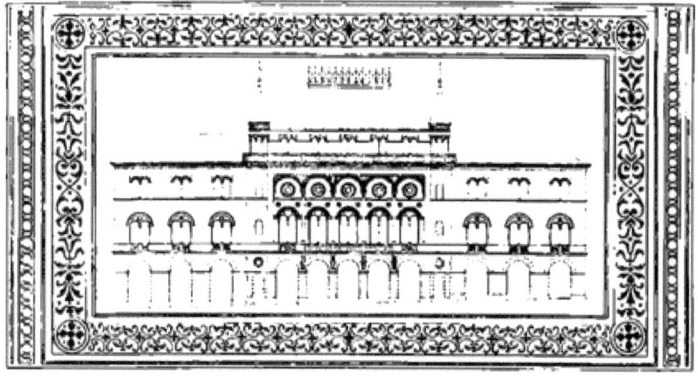

IV.

HEINRICH VON FERSTEL ALS LEHRER.

VON K. KÖNIG.

hne Frage hängt die Ausübung der Baukunst mit Ueberzeugungen zusammen, die tief im innersten Wesen des Künstlers wurzeln. Jeder Architekt — sofern er auf Selbstständigkeit Anspruch erheben kann — hat seine eigenen Principien, die ihm in den Werken früherer Kunstepochen mehr oder weniger vollkommen verkörpert erscheinen und welche seine künstlerische Wirksamkeit bestimmen. Je mehr er von der Richtigkeit dieser Principien überzeugt ist, mit um so grösserer Wärme wird er dieselben vertreten, und es erklärt sich daraus, dass ein bedeutender Architekt meist auch ein eifriger Lehrer ist. Während er als solcher sich befreit fühlt von den Schranken, die ihn bei jeder praktischen Bauausführung an der vollen Verwirklichung seiner Kunstprincipien hindern, und es ihm möglich wird, dieselben vor seinen Schülern in ihrer Reinheit und Vollständigkeit darzustellen, wird anderseits die von ihm vorgetragene

Lehre nothwendig durch einzelne Grundzüge seines persönlichen Wesens beeinflusst werden. Zwei hervortretende Züge in Ferstels Charakter fanden in der That in seiner Art zu lehren ihren analogen Ausdruck: seine völlige Freiheit von jedem Vorurtheil und seine historische Bildung.

Ein Architekt, der, so wie Ferstel, die Nothwendigkeit erkannte, mit der sich in der Baukunst der verschiedenen Zeiten und Völker tiefgehende Wandlungen vollzogen, und der, wie er, das moderne Wesen in seinem geschichtlichen Zusammenhange mit der Vergangenheit erfasste, der musste auch als Lehrer der Baukunst jedem Bestreben ferne bleiben, irgend einem besondern Baustile ein unbedingtes Vorrecht vor anderen einzuräumen oder gar denselben als alleinberechtigt hinzustellen. Im Gegentheile erblickte Ferstel gerade in der Vertrautheit mit den verschiedenen Formen, welche die Baukunst unter geänderten Verhältnissen angenommen hatte, ein Mittel, die besondere Art einer jeden Aufgabe, welche sich dem Architekten darbietet, in der Erscheinung des Bauwerks zu verständlichem Ausdruck zu bringen. Nicht als ob Ferstel für eine bestimmte Kategorie von Bauwerken auch einen besonderen Stil als allein zulässig erklärt hätte, aber er war sich klar darüber, dass zahlreiche Probleme der Baukunst ihre vollendete Lösung in bestimmten Typen gefunden haben, die dem Architekten bei seiner Arbeit im Geiste vorschweben und seinen Ideen die Richtung geben müssen.

In diesem Sinne hatte Ferstel seine Vorlesungen eingerichtet. Sie waren historisch nur insofern, als es die Darstellung der Principien der Baukunst in ihrer allmäligen Entwicklung unbedingt erforderte. Die Betrachtung der Monumente bildete den Ausgangspunkt der Erörterungen, die sich auf das technische und künstlerische Moment erstreckten.

In den Abschnitten, welche die ältesten Kunstepochen und das klassische Alterthum behandelten, schloss sich Ferstel den Anschauungen Sempers an, dessen hervorragende Verdienste gerade auf diesem Gebiete der Kunstwissenschaft er rückhaltlos anerkannte. Er folgte Sempers Beispiel auch darin, dass er — insbesondere in den ersten Jahren seiner Lehrthätigkeit — die Kunst des westlichen Asiens und Aegyptens mit Ausführlichkeit behandelte, um seinen Schülern den Einblick in das Werden der Kunst und damit auch ein tieferes Verständniss ihres Wesens zu erschliessen. Hieran reihten sich die Untersuchungen über die Baukunst der Griechen und Römer.

In einem ähnlichen Zusammenhang gelangten dann die byzantinische, romanische und gothische Kunst zur Darstellung. Die technischen Principien dieser letzteren bildeten ein Lieblingsthema Ferstels. Auch ohne die Gründlichkeit, welche die daran geknüpften Untersuchungen auszeichnete, hätte es dem Zuhörer nicht entgehen können, dass ein tiefes Interesse an dem Gegenstande den Vortrag bei diesem Abschnitte besonders belebte und erwärmte.

Die Kunst der Renaissance, welche den letzten Theil seiner Vorlesungen bildete, gab ihm Gelegenheit, die Aufgaben der modernen Baukunst in den Kreis seiner Betrachtungen zu ziehen. Besonders eingehende Behandlung fand dabei der Bau des bürgerlichen Wohnhauses, den auf eine rationelle Grundlage zurückzuführen Ferstel, in Uebereinstimmung mit seinen Reformbestrebungen auf diesem Gebiete, als eine der wichtigsten Aufgaben des modernen Architekten hinstellte.

Ferstel liebte es, seinen Vorträgen den Reiz der Actualität zu verleihen. Bei Cornelius' Tode widmete er dem dahingeschiedenen Meister einen begeisterten Nachruf, der die ganze Stunde ausfüllte. Ebenso beim Tode Viollet-le-Ducs und Sempers. Wenn er von grösseren Studienreisen zurückkehrte, bildeten seine Reiseeindrücke nicht selten den Stoff für mehrere Vorlesungen; die Wiener Weltausstellung, die Vollendung des Kölner Doms u. a. m. fanden in seinen Vorträgen volle Würdigung. Mit diesen Unterbrechungen seiner eigentlichen Lehrvorträge verband Ferstel die Absicht, das Interesse seiner Schüler auf wichtige Vorkommnisse der Gegenwart hinzulenken und ihren Gesichtskreis über die Mauern des Lehrsaales hinaus zu erweitern.

Den zweiten und wichtigeren Theil seiner Lehrthätigkeit bildeten die von Ferstel geleiteten Uebungen im Entwerfen. Auch hier war es sein oberster Grundsatz, nicht vorschnell abzuurtheilen und einer selbständigen Auffassung schonungsvoll zu begegnen. Wie mangelhaft auch die ersten Versuche eines Schülers ausfallen mochten, so ging doch das Bemühen Ferstels stets dahin, so viel als möglich von dem beizubehalten, was der Schüler mit Recht als sein geistiges Eigenthum betrachten konnte. Man muss es beobachtet haben, mit welchem Ernste Ferstel, der ruhmgekrönte Architekt, dem Ideengange des Anfängers folgte und diesen allmählich auf den richtigen Weg zu bringen suchte, um ihn als Lehrer nach seinem vollen Werthe schätzen zu können. Er hatte nichts von zunftmässigem Pädagogenthum, aber nichtsdestoweniger lag in seinem Vorgehen eine ausgezeichnete Methode. Denn indem er den Schüler ermuthigte, seinen Ideen Ausdruck zu geben, lehrte er ihn doch zugleich, dass dieselben einer genauen Ueberprüfung bedürfen und nach welchen Grundsätzen diese Beurtheilung erfolgen müsse.

Die grosse Zahl von Bauprogrammen, welche Ferstel speciell für die Ausarbeitungen seiner Schüler verfasste sind mustergiltig ebenso durch ihre geschmackvolle Zusammenstellung, wie durch ihre Bestimmtheit und Deutlichkeit. Die Wahl des Stils aber war in den meisten Fällen dem Schüler freigestellt und bildete also schon einen Theil seiner Aufgabe. Nur selten entschloss sich Ferstel, der von dem Schüler getroffenen Wahl — die derselbe allerdings auch zu begründen im Stande sein musste — entgegenzutreten. Desto strenger aber ging er vor, wenn sich der Schüler in gewagten Combinationen ergehen wollte, denn es widerstrebte dem künstlerischen Gefühle Ferstels, das miteinander zu vermengen, was seinem Ursprunge nach nicht zusammengehörte. Nichts aber verurtheilte er schärfer als einen Verstoss gegen die strenge Logik der Baukunst und gegen die Gesetze einer rationellen Bautechnik. Ferstel erkannte mit voller Klarheit die eigenthümliche Stellung, welche die Baukunst vermöge ihres innigen Zusammenhangs mit den technischen Disciplinen unter den übrigen Künsten einnimmt. Er erfasste sie nach ihrem Doppelwesen als die erhabenste unter den Künsten, zugleich aber auch als die höchste unter den technischen Disciplinen.

Mit dieser flüchtigen Skizze glaube ich doch die Grundzüge dargelegt zu haben, welche die Schule Ferstels kennzeichnen. Jene Uniformität, welche gemeinhin als äusseres Merkmal einer Schule im weiteren Sinne des Wortes angesehen wird, wäre im schroffsten Widerspruche gewesen mit der Auffassung, welche Ferstel von dem Wesen der Baukunst hatte und die ihren Ausdruck auch in seiner Lehrmethode finden musste.

Eine stattliche Reihe von Architekten und Lehrern der Baukunst sind aus dieser Schule hervorgegangen, so die Architekten Freudenberg (Warschau), Herz (Cairo), Lang (der Erbauer des Künstlerhauses in Pest), die diplomirten Architekten v. Löw und Mayreder (Wien), die Architekten Niedzielski (seit dem Tode Ferstels mit der künstlerischen Leitung der Vollendungsarbeiten am Universitätsbau betraut), Peschacher (Pest), Rudolf (Chicago), Unger (Wien) u. v. A.; dann die Professoren Berger (Salzburg), Gunolt (Graz), Linguist (Krakau), Raubal (Reichenberg) u. v. A. Sie alle sind den Lehren treu geblieben, die der Meister ihnen ins Herz gepflanzt, die ihnen nun bei der Ausübung ihres Berufs ein sicherer Führer geworden und deren hohe Bedeutung darin lag, dass sie, einem vornehmen Gemüth entsprossen, nicht nur den Geist, sondern den ganzen Menschen veredelten.

HEINRICH VON FERSTELS STELLUNG ZUR WIENER GESELLSCHAFT.

VON R. v. EITELBERGER.

ewiss würde man nur ein unvollkommenes Bild von dem Leben eines Künstlers erhalten, wollte man nur auf seine Werke Rücksicht nehmen und dasjenige ignoriren, was derselbe im öffentlichen Leben gewirkt und wie er sein Haus- und Familienleben gestaltet hat. Bei Ferstel speciell ist es nöthig, auf diese intimeren Verhältnisse zurückzukommen, weil man erst durch die Kenntniss derselben die volle Bedeutung des Künstlers im gesellschaftlichen Leben erkennt.

Die öffentlichen Sympathien, die von Anfang an Ferstel auf seiner Künstlerlaufbahn begleitet haben, sind nicht allein die Frucht seiner künstlerischen Begabung, sondern auch die Liebenswürdigkeit seiner persönlichen Erscheinung; die vornehme Natur seines Charakters, und die vielseitigen Interessen des öffentlichen Lebens, welche mit seinem Namen verknüpft waren, haben dem Künstler diese Sympathien wach erhalten. Wie die meisten Oesterreicher, war auch Ferstel Sanguiniker, leicht angeregt

und jeden Augenblick bereit, thatkräftig einzugreifen dort, wo es ihm nöthig schien, und opferbereit dort, wo es galt, eine gute Sache mit Wort und That zu vertreten. Er galt während seiner Studienzeit an der technischen Hochschule und an der Akademie der bildenden Künste als einer der schönsten Jünglinge seiner Schule; durch die vielen Arbeiten in späteren Jahren hat sich die Anstrengung in seiner äusseren Haltung ausgeprägt, die etwas gebückt erschien, wenn auch sein Gang noch nichts von seiner Leichtigkeit eingebüsst hatte. Auch die dunkle Farbe der Haare hat er lange bewahrt, denn erst die letzte Zeit vor seinem Tode kamen hie und da graue Haare zum Vorschein. In dieser gebückten Haltung und nachdenkenden Stellung hat ihn Tilgner an der Kanzel der Votivkirche meisterhaft dargestellt. Ein liebenswürdiger Familienvater, war er der vertraute Freund und Rathgeber seiner Frau und Kinder. Er war unablässig bemüht, für die Erziehung seiner Kinder, fünf Söhne und eine Tochter, zu sorgen und deren wissenschaftliche und Charakterbildung zu vervollständigen. Nichts, was im Hause geschah, wurde verheimlicht, sondern Alles war Gegenstand des Gespräches bei Tische des Mittags und des Abends. So kam es auch, dass seine Söhne gewissermassen geistig mit ihrem Vater verwachsen waren und eine vollständige Vertrautheit zeigten mit dem, was der Vater gethan und gewirkt hat. Diese Biederkeit und Offenheit seines Charakters brachte es auch mit sich, dass er seinen Freunden Freund blieb bis zum letzten Augenblick. Schreiber dieser Zeilen hat es an sich selbst erfahren. Und in dem Augenblicke, in welchem es seinen intimen Freunden zur Gewissheit wurde, dass Ferstel aus dem Leben scheiden müsse, schien es denselben, als sollten sie einen Bruder verlieren.

In den Mussestunden beschäftigte sich Ferstel mit Literatur, mit Musik und mit seiner Kunstsammlung. Er war ein passionirter Sammler und begeisterter Musikfreund, ohne selbst persönlich bei der Aufführung von Musikstücken mitzuwirken, und in seinem Hause wurde immer nur gute Musik getrieben, insbesondere zu der Zeit, als er mit seinem Freunde Herbeck und Frau Dustmann in intimem Verkehr stand. Ich erinnere mich noch oft der schönen Sonntagabende in seiner Villa zu Grinzing, wo er Freunde um sich versammelte und wobei musicirt wurde. Seine Beschäftigung als Architekt liess ihm allerdings wenig Zeit übrig, sich eingehend mit der Literatur zu befassen, aber es gab keine hervorragende Erscheinung auf diesem Gebiete, die er nicht beachtet oder das betreffende Werk nicht in seine Bibliothek aufgenommen hätte. Dass unter diesen Umständen das gastliche Haus Ferstels auch von hervorragenden Fremden aufgesucht wurde, ist wohl erklärlich. Unter den Künstlern verkehrte er am liebsten mit dem Historienmaler Ferdinand Laufberger, Baurath Stache, Architekt Köchlin, die Maler Leop. Müller und Schönn, Glasmaler Geyling, Bildhauer Schönthaler u. A.

Mit der künstlerischen Anschauung Ferstels steht wohl auch seine Kunstliebe und seine Sammellust im Zusammenhang. Er hinterliess eine sehr gewählte Sammlung alter Kupferstiche, Radirungen, Gemälde und eine grosse Anzahl von Skizzenbüchern, aus welch' letzteren man erst recht die Begabung des Künstlers kennen lernt. Er zeichnete ebenso fertig und frei Landschaften und Bäume als Architekturtheile und Statuen. Wäre der Unternehmungsgeist unserer Kunsthändler grösser, als er thatsächlich ist, so würde zweifellos aus den nachgelassenen Skizzenbüchern Ferstels ein Album von Handzeichnungen des Künstlers zusammengestellt werden, welches gewiss von allen Kunstfreunden mit Freude begrüsst werden würde. Einige der Handzeichnungen Ferstels sind in dieser Festschrift abgebildet, um dem Leser ein Bild davon zu geben, wie Ferstel gezeichnet hat. Er hat ebenso gewandt Federzeichnungen hergestellt, als er mit dem Bleistift skizzirt hat. Als er im Jahre 1838 und 1839 die Akademie besuchte und ein systematischer Unterricht in der Architektur nicht möglich war, übte er sich in der Malerei in dem Atelier Prof. Leop. Kupelwiesers, der dem jungen Künstler besonders zugethan war. Einige Blätter auf unserer Festausstellung stammen aus jener Zeit, wo er Modellportraits bei Kupelwieser in Farben wiedergab. Die Blätter hat seine Mutter, die jetzt das achtzigste Lebensjahr überschritten hat und sich voller Gesundheit erfreut, pietätvoll bewahrt. Seit jenem

Umgang mit Kupelwieser hat Ferstel bis zu seinem Tode eine grosse Vorliebe für die Malerei an den Tag gelegt. Unter den Radirungen und Kupferstichen alter Meister, die er mit besonderer Vorliebe gesammelt hat, sind Albrecht Dürer, Rembrandt, Martin Schongauer, Lucas Cranach und Aldegrever zu nennen, und als passionirter Kunstsammler hat er die Kunstlicitationen, so weit es seine Zeit erlaubte, besucht und sowohl hier wie auf Reisen seine Kunstsammlung bereichert. Er sammelte nicht, um eine Galerie zu erwerben, sondern um sich mit Kunstwerken zu umgeben und seinen Kunstsinn zu befriedigen. Seine Villa in Grinzing und die Wohnung am Maximiliansplatz, die er sich mit feinem Geschmacke eingerichtet hat, waren voll von Kunstwerken aller Art, das Mobiliar seiner Wohnung, das nach seinen Zeichnungen angefertigt wurde, ist mustergiltig und verdient gezeichnet und veröffentlicht zu werden.

Trotz der vielen Auszeichnungen, die ihm zu Theil geworden und in Folge deren er auch in den Freiherrnstand erhoben wurde, blieb er stets seiner bürgerlichen Gesinnung treu. Das, was man Stolz nennt, blieb ihm vollkommen fremd. Seinen Stolz bildete die Anerkennung seiner künstlerischen Leistungen, und er war allerdings empfindlich, wenn ihm diese nicht von jenen Kreisen gezollt wurde, auf deren Anerkennung er eine Berechtigung zu haben meinte. Er war ein gerngesehener Gast in dem kunstsinnigen Kreise der Fürstin Hohenlohe, und er verkehrte viel mit den Erzherzogen Carl Ludwig und Ludwig Victor, die ihn mit Aufträgen beehrt haben. Mit Erzherzog Carl Ludwig stand Ferstel seit dem Tode des Erzherzogs Maximilian in näheren Beziehungen. Er baute die Villa des Erzherzogs Carl Ludwig bei Reichenau und restaurirte und richtete dessen Palais in der Favoritenstrasse ein. Erzherzog Carl Ludwig war der Protector des Cottageviertels bei Währing; Ferstel fand da einen Anlass, den Namen des Erzherzogs dauernd mit den grossen, von humanitären Bestrebungen getragenen Bauunternehmungen zu verbinden. Auch von Seite unseres Kaisers wurde Ferstel bei jeder Gelegenheit ausgezeichnet. In besonders bemerkenswerther Weise trat dies bei dem ersten Besuche hervor, welchen der Kaiser in Begleitung des Erzherzogs Carl Ludwig den Cottage-Anlagen in Währing abstattete. Unter den Staatsarchitekten hatte er zahlreiche Freunde, aber mehrere Gegner, die seine Erfolge beneideten und die Freimüthigkeit seines Urtheils nicht immer günstig aufnahmen. Die grossen Baukünstler, welche das heutige Wien geschaffen haben, standen mit Ferstel in regem Verkehr; speciell waren es Schmidt und Hansen, die mit ihm freundschaftlich verbunden waren.

Zwei Fragen beschäftigten ihn in den letzten Jahren in ganz besonders hervorragender Weise, nämlich die Stellung der Architekten im Staatsleben und der Einfluss der Mode auf die Kunst und das Bauleben. Beide Fragen behandelte er öffentlich und wie alle denkenden Künstler und Kunstfreunde fühlte auch er, dass die wechselnden Strömungen der Mode an dem gesunden Kern des Kunstlebens nagen und die Frucht jahrelanger Bemühungen zu zerstören drohen. Ferstel hat daher am 3. November 1882 im niederösterreichischen Gewerbeverein einen Vortrag gehalten, in welchem er das Wechselverhältniss von Stil und Mode zum Gegenstande seiner Besprechung machte. Er bekämpfte bei diesem Anlasse wie in jüngeren Jahren die Ueberwucherung des Zinshauses, das, man möge was immer für einen Kunstaufwand bei demselben anstreben, doch immer eine Kaserne bleibt und zu den ungesunden Verhältnissen des Baulebens gerechnet werden muss. Der Schwerpunkt der Production muss wieder in die Ateliers zurückverlegt werden, die Ateliers und die Werkstätten müssen wieder die Schulen werden, aus welchen Künstler und Kunsthandwerker hervorgehen. Wenn heutigen Tags dies der einzige Weg ist, um das Kunsthandwerk zu dauernder Blüthe zu bringen, so muss auch die Architektur wieder der Brennpunkt für die ganze Kunstproduction werden, und die künstlerische Entwicklung der Architektur ist daher für das ganze Handwerk die unerlässliche Grundlage seiner Entwicklung. Wird die Kunstproduction auf diese seine gesetzmässige Bahn wieder zurückgeführt, dann wird auch die Mode ihre gefährliche Macht verlieren. Diese im Gewerbeverein gehaltene Rede ist gewissermassen als eine Ergänzung dessen anzusehen, was er bei seiner feierlichen Inauguration als Rector der technischen Hochschule am 9. October 1880 als die Aufgabe der Architektur bezeichnet hat. Sich anlehnend an den Ausspruch Sempers: „wir haben wohl Künstler, aber keine eigentliche Kunst", entwickelte Ferstel sein Programm über die Ziele der Kunst in der Architektur. Wir müssen es uns hier versagen, auf die Details dieser Rede einzugehen.

Die freiheitliche Entwicklung Oesterreichs steht mit der Entwicklung der Architektur in Oesterreich in innigem Zusammenhange. Nie würde die österreichische Architektur zu solcher Blüthe gelangt sein, wenn nicht in den Jahren 1848 und 1849 die Grundlagen der bürgerlichen Freiheit geschaffen worden wären. Damals galt es, die Architektur in ihr Recht einzusetzen und sie von der Vormundschaft des Beamtenthums und des Bureaukratismus zu befreien, sie als freie Kunst zu erklären. Die Architektur als freie Kunst im Bauleben eingeführt zu haben, ist ohne Frage eine der erfolgreichsten Thaten, welche der gegenwärtige Kaiser von Oesterreich ins Werk gesetzt hat. Es ist daher begreiflich, dass Ferstel die Märztage von 1848, an welchen er regen Antheil genommen, bis zu seinem letzten Augenblick hochgehalten hat, da die Bewegung jener Tage die Befreiung der Architektur vom bureaukratischen Zwang herbeigeführt hat. Ferstel hat sich mit ju-

gendlicher Begeisterung den politischen Ereignissen des Jahres 1848 angeschlossen. In älteren Jahren, als sein Blut ruhiger und sein politisches Denken reifer wurde, blieb doch seine Weltanschauung bis zum letzten Augenblick dieselbe. Er war freisinnig, Deutsch-Oesterreicher und ein patriotischer Oesterreicher im vollen Sinne des Wortes. Er hat auch keine Gelegenheit vorübergehen lassen, dieser seiner Gesinnung öffentlich Ausdruck zu geben. Ihm entging es nicht, dass die Vollendung der Monumentalbauten Wiens für

die Zukunft der österreichischen Baukunst verhängnissvoll werden kann, wenn nicht rechtzeitig Fürsorge getroffen wird. Wie lebhaft seine Besorgnisse gewesen sind, die ihn für die Zukunft der Architektur erfüllten, geht in charakteristischer Weise aus den Worten hervor, die er noch von seinem Sterbebette aus an seinen Freund Hansen richtete. Das betreffende Schreiben, welches in der Geschichte des Architekturlebens in Oesterreich eine hervorragende Stellung einnehmen wird, lautet:

Meinem lieben Freunde Theophil Hansen

zu seinem 70. Geburtstage.

Jedem Menschen ist sein Lebensweg vorgezeichnet; was er schafft und wirkt ist ein Resultat seiner Individualität. Wie sehr drängt mich meine Empfindung dazu, Dir heute zu sagen, wie gerade Deine künstlerische Individualität so überaus erfolgreich für unsere Zeit werden musste. Und siehe da, ein Schicksal, wie es grausamer kaum gedacht werden kann, bestimmt, dass Deine beiden jüngeren Fach- und Kampfesgenossen (Ferstel und Schmidt), deren Wirken mit dem Deinen während der letzten Decennien in innigem unmittelbaren Zusammenhange steht, dem schönen Feste krank fernstehen, während gerade ihnen die Verpflichtung obliegen würde, Dich heute auf den Schild emporzuheben, damit nicht nur die Künstlerschaft, sondern die ganze gebildete Welt Dir die gebührende Huldigung darbringen möchte. So sei es mir wenigstens gestattet, in flüchtigen Zeilen zusammenzufassen, was ich Dir sagen möchte, wenn ich so glücklich wäre, Dir heute persönlich gegenüberstehen zu können. Ich glaube ein besonderes Anrecht zu haben, den weittragenden Einfluss Deines künstlerischen Wirkens heute hervorzuheben, denn kaum irgend ein Theilnehmer des heutigen Festes wird Gelegenheit gehabt haben, Dein Wirken seit jener Zeit, als Du in Wien eine zweite Heimat gefunden hast, so schrittweise zu verfolgen als ich.

Als junger, aber bereits der Meisterschaft näher Künstler kamst Du nach Wien zu einer Zeit, als unsere Bauzustände in der erdenklich tiefsten Erniedrigung sich befanden. Die Baukunst jener Zeit war der getreueste Ausdruck des den Staat wie das Volksleben beherrschenden Bureaukratismus. Das Jahr 1848 erlöste auch die Baukunst von dem Banne, der bis dahin auf ihr gelastet hatte. In dieser Zeit der allgemeinen Bewegung trafen wir junge Akademiker mit Euch jungen Architekten zusammen und begierig lauschten wir Euren Lehren und Anschauungen. Künstler, jung und alt, Meister und Schüler verbanden sich, um als Sturmbock das morsche alte System niederzuwerfen, und wie damals Alles, so gelang auch das Unglaubliche.

Das Concurrenzwesen wurde als einzige Errettung von den baubureaukratischen Verhältnissen bezeichnet und nachdrücklich verlangt, und in der That brachte auch das Jahr 1848 die erste Concurrenz, bei der Du, sowie der Schweizer Müller, mit neuen glänzenderen Arbeiten hervortratest. Ihr galtet uns in der That als Vorbilder und Lehrer. Diese Erinnerung an 1848 möge eine schöne Frühlingsblüthe in dem Kranze bilden, der heute Dein jugendliches Greisenhaupt schmückt.

Seit jener Zeit stehen wir in ununterbrochenem persönlichen und freundschaftlichen Verkehr und ich kann wohl sagen, dass im Laufe von 3½ Decennien die aufrichtige Hochachtung, die mir Dein ausschliesslich der Kunst und den Idealen zugewendeter Sinn aufzwang, sich fortwährend gesteigert hat, nachdem ich auch die Lauterkeit Deiner Gesinnung und Deine Selbstlosigkeit näher kennen gelernt hatte. Noch als Schüler der Akademie 1851 trat ich bei einer Kirchenconcurrenz zum ersten Male in künstlerischen Wettstreit mit Dir. Viele Jahre später erst, nachdem ich meine Lehrjahre beendigt hielt, standen wir uns vielfach in Concurrenzen gegenüber, welche zur Klärung der damals unglücklich schwankenden Ansichten recht sehr beigetragen hatten. Die geringe Bauthätigkeit in Wien und die Unklarheit der Ziele, die auch an Orten einer reicheren Bauthätigkeit vorwogen, waren einem architektonischen Aufschwung vorerst noch nicht günstig. Bis an das Ende der fünfziger Jahre war allenthalben die moderne romantische Richtung, der die Zukunft gehören sollte, vorwiegend; und selbst ein Hansen, der durch Studium und Vorleben am meisten von griechischem Einfluss durchdrungen war, konnte dieser Zeitströmung nicht erfolgreichen Widerstand leisten.

Es waren zwar jene reizenden orientalischen und mittelalterlichen, aber durchaus nicht antiken Formen, welche Deinen zahlreichen Werken jener Zeit, voran Deinem berühmten Waffenmuseum, ihren Charakter aufprägen. Aus der so fein empfundenen originellen Art der Detailbildung hätte übrigens der weitsehende Kunstgelehrte Dir damals schon auf Jahr und Tag ausrechnen können, bis wann Du vollständig in das antike Lager übergehen musstest.

Während alle Bauten jener Zeit durch die feine Charakteristik, sowie durch die allgemeine Schönheit dauernde Bedeutung bewahren werden, fällt Dein bahnbrechender Einfluss doch erst in die sechziger Jahre.

Das war die Zeit der ausserordentlichen baulichen Entwicklung Wiens, wo mit Einem Male Alles, was zum Bauen gehört, in richtigem Masse vorhanden war: Platz und auch Geld. Wie stand es aber mit den Baukünstlern? Man brauchte nur das Vorherentstandene und auch manche früheren Stadterweiterungsbauten zu betrachten, um zu begreifen, wie die Bauthätigkeit nun in dem Momente grösster Rathlosigkeit ausgeartet wäre, wenn nicht durch einige wenige Künstler jene Richtung vorgezeichnet worden wäre, die heute ganz allgemein mit dem Namen „Wiener Stil" bezeichnet wird und welcher unserer Profan-, speciell Wohnhaus-Architektur eine ganz neue Grundlage gegeben hat.

Und hier muss nun gleich ausgesprochen werden, dass allen Anderen voran Dein Beispiel massgebend blieb. In einer Reihe gerade zu rechter Zeit geschaffener

Werke, unter denen nur die protestantische Schule, die Façade des Palais Sina, der Heinrichshof und das Palais Erzherzog Wilhelm genannt werden möchten, hast Du in so überzeugender Weise die alleinige Berechtigung der classischen Architektur auf dem Gebiete unseres Profanbaues nachgewiesen, dass diese Richtung fortan die massgebende blieb.

Weit grossartigere Aufgaben hat die spätere Zeit Deinem unermüdlichen Wirken vorbehalten. Von entscheidendem Einflusse für die allgemeine architektonische Entwicklung sind unbedingt Deine Werke aus den sechziger Jahren, welche Klarheit in die Zeit grosser Rathlosigkeit brachten.

Das heutige Fest wird Gelegenheit bieten, Dein reiches künstlerisches und lehramtliches Wirken von allen Seiten in verdienter Weise zu beleuchten.

Ich habe mich gedrängt gesehen, Dein Wirken vom grossen reformatorischen Standpunkte zu kennzeichnen. Wie sich die Wandlung allmälig in Dir selbst vollzogen hat, so hat sich dieselbe auch auf unsere Verhältnisse übertragen. Solche Impulse haben alle nur eine begrenzte Nachwirkung. Während die in dem verhältnissmässig kurzen Zeitraume von kaum anderthalb Decennien vollzogene Neugestaltung Wiens so viel des Vortrefflichen enthält und namentlich durch seine Charakteristik bemerkenswerth bleiben wird, machen sich nun bereits ganz andere Strömungen geltend, über die vielleicht besser hier geschwiegen wird. Welche Wandlungen dieselbe aber unter den vorwaltenden Einflüssen und durch die Impulse grösserer und kleinerer Talente auch erfahren mag, so hat die Wiener Architektur doch durch die eben geschilderte Bauthätigkeit eine bestimmte, nicht ganz zu erschütternde Grundlage gewonnen.

Wenn, wie Dir in den Sternen vorgezeichnet war, die attische Kunst Dein Glaubensbekenntniss im reifen Mannesalter werden musste, so hast doch gerade Du zuerst in Wien die feinen Formen der italienischen Renaissance zur Anwendung gebracht; die mit immer grösserer Klarheit zu Tage tretende Vorstellung von ewig wahren und giltigen Schönheitsgesetzen, die ja in der antiken Baukunst ihren vollendetsten Ausdruck finden, die den schwankenden und wechselnden Versuchen entgegengestellte Thatsache vollendeter Werke, an welchen allgemein giltige architektonische Gesetze zum Ausdruck kommen, und der damit gelehrte Cultus des Schönen, das wird das unvergängliche Verdienst Deines Wirkens bleiben. Spätere Generationen werden Deinen Antheil an unseren Kunstzuständen noch besser würdigen als wir und gerne wird man zugestehen, dass das in schweren Kämpfen von Dir muthig Errungene ganz das Resultat einer überzeugungstreuen, unbeugsamen, gottbegnadeten Künstlernatur ist.

Und zum Schlusse noch ein Wort.

Freund Schmidt und ich hätten heute einen schönen Anlass gefunden, öffentlich zu erklären, wie Künstler, verschiedenartigen Richtungen angehörig und doch den gleichen Zielen zustrebend, in fortwährendem geistigen Wettkampfe nie andere als rein sachliche Interessen aufkommen lassen werden, sobald sie die Kunst und sich gegenseitig achten. Unser reich bewegtes künstlerisches Wirken hat nicht Einen Zug aufzuweisen, wo persönliche Interessen den Ausschlag gegeben hätten; und so besteht in der That kraft dieser künstlerischen Uebereinstimmung ein Freundschaftsbund, auf den ich heute mit berechtigtem Stolz hinweisen muss.

Indem ich für Deine lauteren freundschaftlichen Gesinnungen herzlichst danke, kann ich nur mit dem Wunsche schliessen, dass Du das hohe Glück geistiger und körperlicher Frische lange noch geniessen, den reichen Kranz künstlerischer Schöpfungen vermehren und Dich noch lange an denselben erfreuen mögest.

Grinzing, 13. Juli 1883.

In aufrichtiger Hochachtung und Freundschaft Dein

v. Ferstel.

Druck von ADOLF HOLZHAUSEN in Wien,
k. k. Hof- und Universitäts-Buchdruckerei.